D1582631

BIEN NOURRIR
SON CHAT

Couverture

- Maquette:
  MICHEL BÉRARD

- Photographie:
  BRIAN ALLEN

Maquette intérieure

- Conception graphique:
  GAÉTAN FORCILLO

- Illustrations:
  HÉLÈNE RACICOT

DISTRIBUTEURS EXCLUSIFS:

- Pour le Canada
  AGENCE DE DISTRIBUTION POPULAIRE INC.,*
  955, rue Amherst, Montréal H2L 3K4, (514/523-1182)
    *Filiale du groupe Sogides Ltée

- Pour l'Europe (Belgique, France, Portugal, Suisse,
  Yougoslavie et pays de l'Est)

- OYEZ S.A.   Muntstraat, 10 — 3000 Louvain, Belgique
                tél.: 016/220421 (3 lignes)

- Ventes aux libraires
  PARIS: 4, rue de Fleurus; tél.: 548 40 92
  BRUXELLES: 21, rue Defacqz; tél.: 538 69 73

- Pour tout autre pays
  DÉPARTEMENT INTERNATIONAL HACHETTE
  79, boul. Saint-Germain, Paris 6e, France; tél.: 325.22.11

Christian d'Orangeville

BIEN NOURRIR SON CHAT

**...Un petit guide de diététique
et de gastronomie félines**

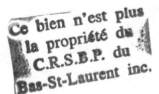

LES ÉDITIONS DE L'HOMME*

CANADA: 955, rue Amherst, Montréal 132
EUROPE: 21, rue Defacqz — 1050 Bruxelles, Belgique

* Filiale du groupe Sogides Ltée

Bibliothèque nationale du Québec
Dépôt légal — 1er trimestre 1977

ISBN 0-7759-0519-4

*Mes remerciements au docteur
Joseph D. Nadeau, pour sa lecture
attentive et critique du manuscrit.*

Avant-propos

En matière d'alimentation, le chat reste encore un des grands méconnus de la faune domestique. On sait pourtant presque tout sur la diététique et les moindres exigences nutritives des rats puisqu'ils doivent supporter sans faillir les multiples expériences de laboratoire dont ils sont l'objet, mais Minet, qui a le front de ne rien exiger de sa famille humaine, est encore victime de préjugés zoologiques et de tenaces légendes nutritives.

Pourtant, à y regarder de près, connaissant sa passion pour les proies vivantes et l'organisation éloquente de sa denture de carnassier, tout semblait dit: il est, sans conteste, le plus carnivore de nos animaux familiers. C'est pourquoi tout propriétaire de chat devrait revoir d'un oeil critique sa façon de remplir son écuelle. Parce que la nutrition des animaux domestiques est un sujet nouveau et que les grandes compagnies d'aliments commerciaux pour chiens et chats ont tout intérêt à être discrètes en ce qui concerne la qualité de leur produit, la littérature aborde le problème sur la pointe des pieds. Une alimentation judicieuse cependant est une des conditions essentielles pour garder votre protégé longtemps en bonne santé, surtout s'il habite la ville. Une nutrition irrationnelle provoque, à court ou à long terme, de sérieuses maladies de carence, délicates à diagnostiquer pour le médecin des bêtes, très coûteuses à soigner et aux conséquences pathologiques imprévisibles. Elle vous prive, très égoïstement, du plaisir de partager la compagnie d'un animal sain, vif d'allure et plein d'entrain. Car vivre avec un chat ne consiste pas à l'enfermer pour en faire un prisonnier docile, nourri quotidiennement d'une anonyme bouillie ou encore à l'abandonner à ses seuls talents de chasseur: il a de strictes exigences métaboliques et gustatives et son hôte doit le satisfaire.

L'organisation digestive du chat

"Il existe de nombreux principes grâce
auxquels le corps entier tire sa nourriture
du ventre et des viscères tout comme
d'une mangeoire".

Aristote

Tout comme ses grands cousins d'Afrique ou d'Asie, notre paisible chat domestique est armé jusqu'aux dents pour la chasse. A neuf mois, la denture lactéale laisse la place aux trente dents permanentes, aiguisées, acérées et tranchantes à souhait pour une mise à mort efficace et que la bouillie quotidienne rend, hélas, superflues. Sa bouche inquiétante est, à l'échelle réduite, la gueule même d'un lion! Chaque demi-mâchoire, inférieure ou supérieure, porte trois petites incisives, suivies d'une canine redoutable en forme de poignard qui tue inévitablement (les félins brisent aussi bien les vertèbres cervicales de leur proie qu'ils l'étouffent en broyant le pharynx).

Poursuivant cet examen indiscret, on note ensuite un intervalle (le diastème), qui manque du reste chez le guépard. Puis, on compte les prémolaires (trois à la mâchoire supérieure; deux plus une molaire à la mâchoire inférieure) et enfin la minuscule molaire supérieure. Les incisives ne ressemblent en rien aux nôtres puisqu'elles ne sont pas coupantes; ce travail revient de droit à la dernière prémolaire supérieure et à la première molaire inférieure, tranchantes et dentelées comme des dents de scie. Ces dents "car-

12

nassières" associent leurs efforts pour trancher muscles et os dans un même élan, aidées par l'articulation puissante des mâchoires, fonctionnant comme une charnière transversale, et par des muscles petits mais puissants, insérés sur les solides arcades zygomatiques.

Nos félins détachent donc des lambeaux de viande avec les côtés de la gueule en retroussant leur babine, ce qui leur donne (à nos yeux) un air de férocité implacable.

L'estimation de l'âge par l'usure des dents, valable pour le chien, ne mène pas loin chez le chat. Passé les sept premiers mois, fiez-vous plutôt à la silhouette encore gracile de l'adolescent où à l'esprit plus chagrin du chat adulte. Mieux encore, consultez sa date de naissance inscrite sur le pedigree: l'évaluation en sera plus facile après!

Denture de lait:

Dents	haut	bas
Incisives	3	3
Canines	1	1
Prémolaires	3	2

Total: 26 dents de lait

Denture adulte:

Dents	haut	bas
Incisives	3	3
Canines	1	1
Prémolaires	3	2
Molaires	1	1

Total: 30 dents adultes

Les dates à fêter...

Denture de lait:	éruption:
1re incisive	2e - 3e semaine
2e et 3e incisives	3e - 4e semaine
1re canine	3e - 4e semaine
3e et 4e prémolaires	4e - 5e semaine
2e prémolaire	8e semaine

Denture adulte:	éruption:
1re et 2e incisives	8e semaine
3e incisive	16e semaine
1re canine	20e semaine
2e prémolaire	20e semaine
3e et 4e prémolaires	24e semaine
1re molaire	22e - 24e semaine

Durant le repas, la langue, hérissée de nombreuses papilles cornées dirigées vers la gorge, remplit aussi son office. Elle gratte les restes de chair collés aux os et fonctionne tout comme une râpe. Nantie des indispensables bourgeons gustatifs qui détectent les quatre saveurs cardinales (l'amer, le sucré, le salé et l'acide), il semblerait que ses récepteurs du sucré ne soient pas bien représentés. Contrairement aux chiens, vous ne ferez plaisir à aucun félin, grand ou petit, en lui offrant un morceau de sucre...

Mais le chat dispose de récepteurs très sensibles que nous avons perdus au cours de l'évolution: ceux de l'eau "pure". Une conséquence: l'eau de source naturelle lui ravit l'âme... Plus encore que la denture, la patte griffue des félins complète la panoplie du chasseur. Les griffes, rétractées pendant la marche pour préserver leur tranchant (les griffes des chiens sont des pioches, celles de nos chats des sabres), jaillissent sur commande pour l'attaque: un mécanisme simple permet de les dégainer à volonté. Au repos, deux paires de ligaments élastiques, insérés sur la troisième phalange (elle porte la griffe), les maintiennent dans leur étui.

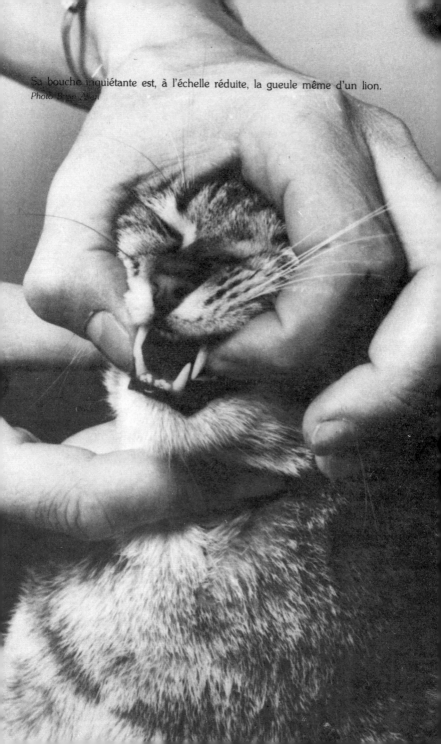

Sa bouche inquiétante est, à l'échelle réduite, la gueule même d'un lion.
Photo Brian Allen

Pour approcher le gibier, les félins marchent discrètement sur la pointe des pieds. Digitigrades, ils disposent de coussins plantaires, des pantoufles naturelles en quelque sorte, indispensables pour la réussite de leur expédition de chasse.

Que ce soit dans le parc africain du Sérengeti ou dans le parc du Mont-Royal, les chats ne chassent jamais à courre comme les chiens qui épuisent leur victime par une longue poursuite. Nos minets épient leur proie, rampent vers elle avec art et méthode, utilisant pour ce faire toutes les ressources du terrain, et pratiquent alors, après s'être regroupé pour mieux bondir, l'assaut final. Mais toujours, le dernier saut est calculé pour que les pattes arrière touchent le sol à proximité de la proie afin que les organes de la mise à mort (crocs et griffes antérieures) puissent la "planter" tout à leur aise. De cette manière, il est également possible de déjouer une ultime tentative de fuite. Seul le guépard déroge à la règle commune en se lançant dans un sprint aussi bref que rapide, courant flanc à flanc avec son gibier et le faisant chuter d'un coup de patte.

La plupart font montre, après ces heureuses dispositions de chasseur, d'un raffinement insoupçonné: ils plument les oiseaux et épilent les mammifères à long poil. Il ne manque que sel et poivre!

La nature a conçu (et réussi) deux grands systèmes d'organisation digestive animale qui fonctionnent avec des carburants différents mais sur un même mode: il s'agit toujours d'un cheminement des aliments d'un trou à un autre où les substances ingérées, modifiées par un brassage énergique et un bain d'une foule d'enzymes digestives, se transforment en éléments assimilables par l'organisme.

Il y a d'abord la structure de l'herbivore (vache, mouton et consorts brouteurs...) dont la robinetterie digestive est longue et la digestion lente. Puis la structure du carnivore (chat , chien , ours, blaireau , etc...) dont le système est court et le transit bref.

Au besoin, le chat sait mendier...
Photo Attila Dory
Eleveurs: Chris & Shirley Keenan

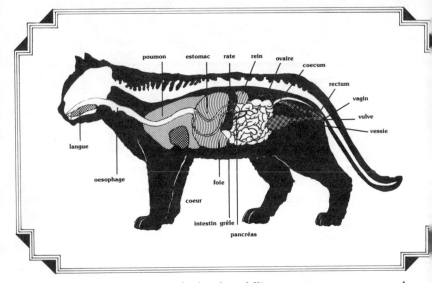

poumon   estomac   rate   rein   ovaire   coecum   rectum   vagin   vulve   vessie   langue   oesophage   foie   coeur   intestin grêle   pancréas

Les organes digestifs du chat diffèrent nettement de ceux de l'homme: passé l'oesophage et l'estomac, on compte 1,70m d'un intestin grêle très étroit suivi d'un volumineux côlon de 0,40m et d'un coecum bref et en virgule (le chien moins spécialisé, donc plus omnivore, en possède un spiralé). L'intestin grêle joue un rôle essentiel dans la digestion. Comme tous les mammifères, il comprend successivement un duodénum, un jéjunum et un iléum, tandis que le gros intestin comporte, selon sa position topographique, un côlon ascendant, un côlon transverse, un côlon descendant et un rectum qui rend à la nature ce qui lui a appartenu. Tout le long du tube digestif débouchent les conduits excréteurs des glandes annexes, dispensant généreusement les substances indispensables à la digestion: cinq glandes salivaires de chaque côté de la bouche, puis le foie qui déverse sa bile dans les premiers centimètres de l'intestin presque au même endroit que le canal du pancréas. Ce sont les sécrétions de cet imposant arsenal glandulaire qui élaborent, dans l'ombre, à partir du bol alimentaire, les principes nutritifs essentiels qui font de nos chats ce qu'ils sont. Quant à nous, humains, et comme il se doit, ni anges ni bêtes, notre organisme d'omnivore nous situe entre les deux systèmes précédents.

Mais, bipède ou quadripède, le patron digestif reste le même: une zone armée de préhension et de réception (les dents, la langue et la bouche), une région de transit, de stockage et de digestion (oesophage et estomac), un secteur délicat d'absorption (intestin) et un autre d'évacuation (rectum et anus). Pour résumer, l'équipement de ce redoutable prédateur: 290 os, 517 muscles, des nerfs d'acier, peu ou pas de graisse, lui confère le privilège d'être le plus silencieux en même temps que le plus efficace des chasseurs. L'écuelle n'est donc qu'un libre choix! Et presque une concession...

Les deux grandes écoles gastronomiques

Safari sur le Mont Royal.
Photo Brian Allen

La chasse

Trop souvent, les propriétaires de chats citadins s'en remettent naïvement aux bons soins de la nature chez qui, pensent-ils à tort, leur chat peut seul, au hasard de ses chasses, satisfaire son appétit et ses besoins.

Le chat citadin est un animal protégé. Evoluant dans un milieu douillet, peu libre de ses mouvements, il ne peut choisir son menu en toute quiétude et doit faire des griffes et des mains pour satisfaire son appétit. Le gibier des villes se résume à quelques malheureuses espèces (moineaux, pigeons, écureuils, tamias), traquées par les voitures, la pollution et la famine. Nourrissez convenablement votre chat pour qu'il n'aille pas allonger la liste des ennemis de cette charmante faune urbaine et ne s'expose lui-même à des carences alimentaires graves, aux maladies parasitaires, aux empoisonnements et peut-être, à la rage, toujours possible.

N'allez cependant pas le dénoncer à la S.P.C.A., si vous découvrez avec horreur, un beau matin, que votre paisible minet a croqué, la nuit même, un innocent moineau, saigné une adorable souris grise ou éventré sadiquement un tendre pigeon devant votre porte. Il ne s'agissait que de vous faire un cadeau à sa façon et de montrer le féroce chasseur qu'il est encore. Cette délicate attention reste dans la nature des choses.

Ce qui ne l'est pas, par contre, c'est que vous acceptiez qu'il se nourrisse exclusivement de sa chasse, souvent contre son gré. Car s'il existe une horde de chats errants, harets de tout poil, aventuriers de poubelle ou clochards apatrides qui semblent prospérer entre deux siestes dans cette vie de chasseur citadin, elle constitue, à y regarder de près, une population perpétuellement malade, où sévissent carences nutritionnelles, dermatites et parasitisme chronique.

Un animal domestique qui retourne à la nature et divorce d'avec la société des hommes fait sans doute un bon choix sur le plan philosophique, mais un marché de dupe en ce qui concerne sa survie. Même si le chat est le seul parmi nos animaux familiers qui puisse se risquer à prendre cette décision, il faut se souvenir que la domesticité affaiblit l'instinct de conservation, et, entre autres, celui qui permet (aux animaux sauvages) de sélectionner sans faillir les éléments nutritifs nécessaires à l'organisme. La théorie de "l'instinct infaillible" assurant la survie des chats est une erreur biologique et un refus déguisé de prendre ses responsabilités. D'un autre côté,

A bon chat, bon rat!

Le chat haret, un chat domestique redevenu sauvage.
Photo Brian Allen

un chat prisonnier, réduit aux plaisirs de sa seule écuelle, perd immanquablement sa "félinité" et sombre inexorablement dans les vices de la réclusion. Apathique, sans entrain aucun, il se transforme vite en potentat asiatique, grassouillet, capricieux, exigeant et tout compte fait, insupportable pour l'entourage.

Aussi existe-t-il un moyen terme qui satisfait tout le monde: pour son bien, munissez sans tarder votre incorrigible braconnier d'un collier à clochettes qui préviendra le gibier de sa présence. Il aura le double avantage de préserver son appétit et de lui fournir des chasses sysiphiennes toujours à recommencer. Il paraît même que certains matous acceptent ce handicap avec philosophie et réussissent cependant d'excellents tableaux de chasse: ils pratiquent l'affût, l'approche et l'assaut définitif, le cou baissé sur le poitrail pour assourdir le bruit de la clochette...

L'écuelle

L'autre population féline, celle qui connaît la monotonie de l'écuelle toujours pleine et la tiédeur du foyer, ne semble pas mieux nourrie, malgré la bonne volonté évidente de ses propriétaires. L'enfer est pavé de bonnes intentions...

Les statistiques vétérinaires canadiennes révèlent que 60% de ces privilégiés souffrent en chœur du même mal que leur maître: ils connaissent les affres d'une maladie de civilisation qui se résume en une forme apparemment paradoxale: la malnutrition dans l'abondance. Les hypo ou les hypervitaminoses, l'obésité ou les carences (occasionnant perte de poil, anémie, dermatite, asthénie et autres affections insidieuses) ravagent la population des chats de maison, malgré l'avalanche d'aliments préparés à toutes les sauces qui inondent le marché. Quatre cent soixante formules de râgout commercial se partagent, à travers le monde, cet énorme marché d'une clientèle idéale qui ne réclame jamais et ne peut pas se plaindre.

D'autre part, la diététique féline est encore balbutiante. Quant à la littérature scientifique, aride et illisible, elle parle encore le latin des docteurs de Molière. La plupart d'entre nous n'arrangeons rien à l'affaire en transférant, à la légère, nos goûts et dégoûts alimentaires sur nos protégés à quatre pattes. On connaît des chats qui ne mangent que de la viande casher, d'autres qui sont victimes du régime sans sel de leur maître et qui en meurent à petit feu...

Enfin, pour couronner le tout, Minet a des exigences très précises: comme pour toutes les mécaniques de précision au fonctionnement délicat, il exige un carburant nutritif de qualité. Il souffrira plus que tout autre animal d'un régime mal équilibré ou mal adapté à certaines situations physiologiques, comme la gestation, la lactation, la maladie ou la vieillesse (voir les diètes spéciales).

Erreurs et préjugés

"C'est un préjugé de croire qu'on ne peut partager les préjugés que par préjugé".

Nourrir un chat, c'est d'abord connaître ses besoins alimentaires et savoir à quels impératifs doit obéir la composition de ses repas. En la matière, savoir ce qu'il faut faire consiste surtout à savoir ce qu'il ne faut pas faire...

Les régimes tout viande

Gaver son chat de viande, c'est sans doute lui procurer les plaisirs du palais mais en aucune façon, satisfaire ses exigences physiologiques. S'il est vrai qu'à l'état sauvage, les félins sont des prédateurs et se nourrissent exclusivement de proies vivantes, ils respectent cependant une étiquette de table particulière.

Leur repas commence toujours par une "curée chaude": ils se délectent d'abord des viscères de leurs proies herbivores pour finir par les muscles et les os. Ainsi mangent-ils, contrairement aux hommes, la salade avant la viande...

Cette excellente pratique leur permet de trouver vitamines et minéraux indispensables, tandis que la masse cellulosique ingérée sert de purge et favorise le transit digestif. En effet, le muscle seul est un aliment incomplet: il est pauvre en calcium, en certaines vitamines et en iode. La viande idéale pour Minet devrait donc se servir "à la naturelle": plumes par dessus, os, tendons, muscles et viscères par dedans, pour éviter le rachitisme typique du chaton soumis au menu tout viande.

Les restes de table

Une autre erreur fréquente consiste à penser que les animaux domestiques, ayant rompu le vieux contrat avec la liberté et choisi la compagnie des hommes, ne pensent qu'à s'adapter servilement à notre façon de vivre. Pour ce qui est des habitudes sociales, la cause semble entendue mais en ce qui concerne le système digestif, la thèse est indéfendable. Malgré une bonne volonté très probable, le chat est strictement carnivore (avec la nuance entendue précé-

Un Siamois à l'affût de votre écuelle!
Photo Brian Allen

demment). Et rien ne peut le forcer à partager votre menu d'omnivore: il est incapable d'en digérer la plus grande partie.

Les vieux chats boulimiques exceptés, la population féline a
des goûts et des dégoûts sur lesquels elle ne transige pas: le contenu de votre écuelle n'est pas fait pour remplir son assiette! On ne
compte plus les ravages sournois qu'ont opéré dans la population
canine et féline les militants des minorités gastronomiques.

Pour un chat normalement constitué, la cuisine macrobiotique
est dénuée d'attraits, ainsi que la végétarienne, sans mentionner les
tristes ragoûts de pétales de lotus des disciples d'Hara-Khrisna. Le
chat ne se sent pas plus concerné par les impératifs religieux de la
viande casher, saignée par le sabre du rabbin, lui qui n'est pas pos-
tulant pour la vie éternelle...

Les menus "stérilisés"

La valeur que le puritanisme anglo-saxon donne au "blanc",
au "purifié", au "scientifiquement contrôlé", au "bouilli", aux embal-
lages étanches en plastique qui cachent la couleur rouge de la viande, n'a pas cours chez les chats qui aiment reconnaître dans leur
écuelle l'odeur de la main qui prépare le repas et la saveur vraie des
aliments. On connaît des anorexiques chroniques, refusant avec

31

dégoût la pâtée en conserve, retrouver l'appétit devant un beau morceau de viande rouge donné à la main.

Du reste, durant ses chasses, le chat sélectionne, avec un éclectisme éclairé, les représentants les plus divers de la faune ailée, terrestre et lacustre. Avec bonne conscience, il se repaît du sang, des phanères, des téguments, des plumes ou des triperies que les étals de nos boucheries masquent du mieux qu'ils peuvent pour "déculpabiliser" les consommateurs "carnivores" que nous sommes encore.

Les aliments pour chiens

Vous ne convertirez donc pas un chat, même le vôtre, à la "mystique" des régimes spéciaux ni aux joies du repas partagé. Encore moins le séduirez-vous par le plaisir des aliments commerciaux pour chiens. Même diététiquement parlant, chiens et chats sont des frères ennemis. Leurs besoins nutritifs diffèrent sur plusieurs points et non les moindres:

- Le chat exige environ deux fois plus de protéines que le chien (environ 33% contre 22% de la matière sèche).
- Le chat exige deux fois plus de vitamines B complexes.
- Il peut absorber le fer de la viande; le chien ne le peut pas.
- Le chat ne peut pas transformer la carotène en vitamine A ni synthétiser certaines vitamines B; chacun de ses repas doit donc satisfaire ces besoins.
- Il est insensible aux flatteries du sucre, contrairement au chien qui ne pense qu'à ça.
- La plupart des chats limitent d'eux-mêmes la "grosseur" de leur repas. Le chien s'empiffrera souvent jusqu'à l'indigestion...

Exceptionnellement, un repas "tout chien" pourra dépanner minou et ses maîtres, mais l'offre ne doit pas se reproduire.

Chiens et chats diffèrent également par leurs goûts. Le chien est un glouton sans palais à côté du chat raffiné jusqu'au bout des papilles gustatives. Les chimistes et les pauvres "goûteurs" des grandes compagnies alimentaires ont vite compris le problème de "l'appétence" chez nos animaux familiers. Saviez-vous que ces pâtées commerciales, pour la plupart mijotées à partir de la même bouillie de base, sont parfumées différemment pour séduire un maximum de clients à quatre pattes?

Appétence et acceptation

Voici, tout cru, le résultat d'une fastidieuse recherche concernant le degré d'acceptation de ces deux populations privilégiées, pour que vous sachiez à qui faire plaisir...

Appétence décroissante

Chien	Chat
viande de boeuf	foie de boeuf
langues	viande de veau
tétines de vache	viande de cheval
tripes	langues
foie de boeuf	estomac de porc
viande de cheval	tétines de vache
cous de poulet	viande de boeuf
estomac de porc	cous de poulet
viande de veau	rate de porc
poumon de boeuf	poumon de boeuf
rate de porc	tripes
sang	sang

Cette notion d'acceptation alimentaire est agaçante. Elle ressemble, comme un faux frère, traduit en un terme sophistiqué, à un caprice d'enfant gâté, devant qui l'autorité parentale aurait abdiqué. Pourtant, quand il s'agit du chat, mieux vaut y regarder à deux fois avant de parler de caprice et de le condamner définitivement à un strict monorégime.

Chez ce personnage, la motivation physiologique déclenchée par le stimulus de la faim ne devient motivation que parce qu'il y a le plaisir de manger. Tout comme son maître, le chat ne mange pas seulement pour se nourrir. A sa table, tout commence et finit par le plaisir et, méconnaître cette donnée, c'est se refuser une certaine forme de complicité avec lui et le conduire inexorablement vers la maladie par mésintelligence de sa vraie nature.

Chez eux comme chez nous, aux manifestations près, manger est un plaisir chargé d'un tonus émotionnel élevé et précédé d'un cérémonial compliqué (ronrons à l'écuelle, remerciements aux maîtres par des caresses de la tête et du flanc, etc.).

Le proverbe "l'appétit vient en mangeant", est totalement faux en ce qui concerne la gent féline. L'appétit passe par un circuit compliqué d'excitations psychologiques et de sensations physiques. L'odeur, la texture, la température et la saveur d'un mets ont chacune leur mot à dire dans le degré d'appétence d'un aliment. La température froide la réduit en atténuant le fumet alléchant. La quantité de gras, qui confère du moelleux à la pâtée, l'augmente par contre. Quant à la saveur, elle n'est comprise que par eux seuls...

Pour satisfaire un chat, il convient donc en premier lieu de respecter tout simplement le petit jeu de l'étiquette gastronomique féline et de varier dès son jeune âge ses menus. Cette politique évitera, à coup sûr, toute possibilité de carences, satisfera les exigences du vétérinaire et de son patient. Elle lui interdira, pour on ne sait quelle raison, une fixation alimentaire définitive sur un seul type d'aliment...

Les abonnés au même plat, maniaques et têtus, boudent tout nouveau menu et obligent leur maître à de savantes lectures de diététique féline. Ils préféreront choisir la grève de la faim (anorexie nerveuse) plutôt que de plier. Un chat capricieux et boudeur est une calamité qui mène sa famille humaine tambour battant au gré de ses sautes d'humeur et d'appétit.

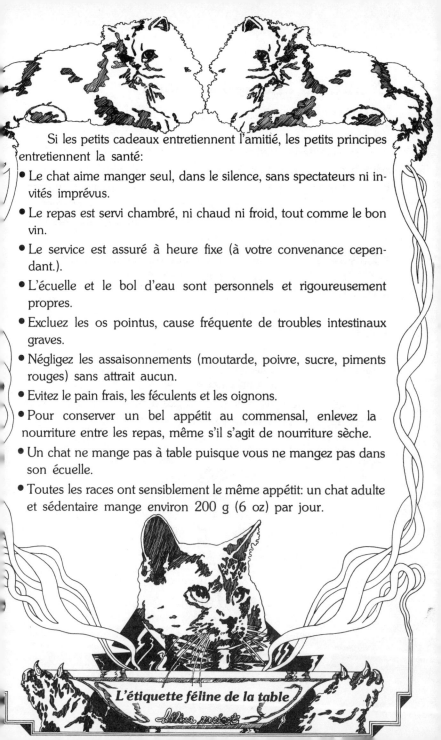

Si les petits cadeaux entretiennent l'amitié, les petits principes entretiennent la santé:

- Le chat aime manger seul, dans le silence, sans spectateurs ni invités imprévus.

- Le repas est servi chambré, ni chaud ni froid, tout comme le bon vin.

- Le service est assuré à heure fixe (à votre convenance cependant.).

- L'écuelle et le bol d'eau sont personnels et rigoureusement propres.

- Excluez les os pointus, cause fréquente de troubles intestinaux graves.

- Négligez les assaisonnements (moutarde, poivre, sucre, piments rouges) sans attrait aucun.

- Evitez le pain frais, les féculents et les oignons.

- Pour conserver un bel appétit au commensal, enlevez la nourriture entre les repas, même s'il s'agit de nourriture sèche.

- Un chat ne mange pas à table puisque vous ne mangez pas dans son écuelle.

- Toutes les races ont sensiblement le même appétit: un chat adulte et sédentaire mange environ 200 g (6 oz) par jour.

L'étiquette féline de la table

Comment changer le menu habituel?

Si vous désirez redresser la barre, soumettre votre chat capricieux à un nouveau régime, suivez cette méthode:

- Jours 1 et 2:   Réduisez le repas habituel de moitié. Cette première manoeuvre a l'avantage d'affamer le minou et de créer en douceur une nouvelle habitude intestinale.

- Jours 3 et 4:   Mélangez un quart du menu habituel à un quart du nouveau régime.

- Jours 5 et 6:   Persévérez. Mélangez un quart de l'ancien menu à la moitié du nouveau plat.

- Jours 7 et 8:   Encore une fois, procédez au dernier mélange (un quart et trois quarts).

- Jour 9:   Présentez alors le nouveau régime, selon les quantités habituelles.

L'objectif de cette méthode du pas-à-pas permet au chat de chasser ses souvenirs et de s'habituer à son avenir.

Les menus maison

"Où la chèvre est attachée, il faut
qu'elle broute".
Guillaume Bouchet

Un chat Mau
Photo Brian Allen

Les besoins du chat

Pour bien fonctionner, tout être vivant doit satisfaire cinq grands besoins physiologiques:

- *Le besoin énergétique:* pour faire tourner la machine biologique.
- *Le besoin protéique:* pour la construire et l'entretenir.
- *Le besoin minéral:* pour aider à l'édification d'organes spécialisés (os, dents, sang, etc.).
- *Le besoin vitaminique:* pour la bonne marche des rouages métaboliques.
- *Le besoin en eau:* pour véhiculer les substances organiques.

Et enfin, ce besoin de vous pour lui fournir selon ses désirs tous ces arides principes sous une forme alléchante. Mais, que vous choisissiez, après mûre réflexion, entre la solution des menus maison ou celle des pâtées commerciales, toujours il vous faudra rendre des comptes et satisfaire scrupuleusement ces cinq exigences sous peine d'exposer votre protégé aux maladies de carences. Celles-ci portent plusieurs masques aussi effrayants les uns que les autres qu'il vous sera facile d'identifier en consultant le tableau de la page

Séduits par l'expression de profonde volupté du chat dégustant son repas, de nombreux propriétaires aiment à "personnaliser" les menus de leur protégé, exprimant du même coup une juste méfiance envers la fraîcheur et la qualité des matières premières utilisées dans les conserves alimentaires pour animaux. Au petit bonheur, ils mijotent, avec plus ou moins d'inspiration culinaire, de savoureux petits plats qui, du reste, n'ont souvent rien à voir avec les vraies exigences biologiques des clients impliqués. Qu'achètent-ils?

La viande

Elle constitue la base de l'alimentation du carnivore bien né. Choisissez les viandes rouges (boeuf et cheval) plutôt que les blanches (veau et poulain), le cheval (moins gras et moins cher) plutôt que le boeuf. Contrairement à ce que l'on pense trop souvent, la viande n'est pas un aliment complet: pauvre en calcium, en iode, et en deux acides aminés essentiels (la cystine et la méthionine), elle exige des suppléments pour combler ces déficiences et fournir quelques vitamines et minéraux. Elle renferme cependant de précieuses vitamines B, du phosphore, du gras et 20% d'excellentes protéines. Exception faite du porc (danger de trichinose), elle sera offerte crue (la cuisson réduit la digestibilité, la saveur et détruit les vitamines) et coupée en petits morceaux pour éviter les traînées sanglantes à travers l'appartement. Le chat se souvient toujours qu'il est né prédateur et le prouve en jouant son rôle préféré: celui du lion traînant sa proie sur le tapis. Evitez la viande hachée qui se conserve mal et qui dispense de la gymnastique salutaire de la mastication, sauf pour les

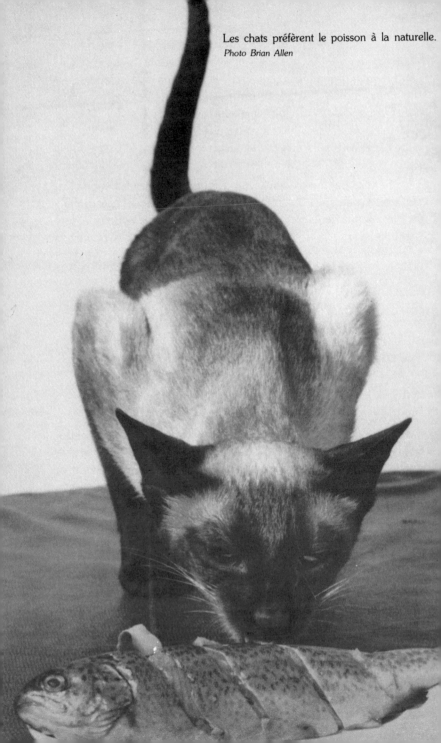

Les chats préfèrent le poisson à la naturelle.
Photo Brian Allen

chats du troisième âge. Une caractéristique intéressante: les por-phyrines contenues dans la viande accentuent les taches des chats marqués (Siamois, Himalayens et Birmans).

Pour éviter la toxoplasmose, maladie dangereuse pour la femme enceinte, il est conseillé de bien cuire la viande du chat pendant toute la durée de la grossesse et de vous plier à une certaine discipline quasi-militaire (voir page *131*).

Le poisson

A la mode chat, le poisson se choisit maigre et se mange cuit au court-bouillon et sans arête. Pour conserver au Siamois sa robe claire, arrangez-vous pour que sa semaine gastronomique comporte quatre vendredis: contrairement à la viande, le poisson (et le froid, incidemment) aurait des vertus éclaircissantes pour la fourrure. Les fruits de mer et autres amuse-gueule (crevettes, crabe, homard, langouste, écrevisses) sont un délice à nul autre pareil pour les félins. Mais, nourrir son chat au caviar, c'est donner de la confiture aux cochons, sans compter l'absence complète du sens de la mesure que cela suppose de la part du propriétaire et la possibilité que le personnage, ainsi choyé, opère une fixation alimentaire définitive sur ce repas princier.

Attention: les viscères et les têtes de poisson d'eau salée (le thon rouge particulièrement) ne seront jamais données crues; elles contiennent une enzyme (la thiaminase) qui s'acharne à détruire la vitamine B_1, élément métabolique indispensable à la bonne marche du minou. La carence en vitamine B_1 (ou maladie de Chastek) s'exprime par une perte de poids, des problèmes cardiaques et des troubles nerveux graves (convulsions et paralysie). Rassurez-vous cependant, seuls les chats de poisonniers ou de pêcheurs professionnels en souffrent... Quant aux sardines à l'huile, elles figurent en bonne place au palmarès diététique.

Un Abyssin.
Photo Attila Dory
Eleveurs: Chris & Shirley Keenan

Les abats

Tripes, poumons, reins, coeur, rate, foie et tutti quanti constituent une réserve de protéines et de vitamines appréciables à bon
marché. Assurez-vous toujours de leur fraîcheur: absence d'odeurs
sournoises, couleurs franches et appétissantes (pour le chat...). Pour
faire perdre, sans cris ni larmes, quelques centimètres de tour de
taille à votre chat gras, gavez-le de poumon cuit, si vous pouvez
supporter sa vue. Sous un volume important, il n'offre que peu
d'éléments nutritifs et de calories. Sinon, réfugiez-vous derrière les
prescriptions médicales et les menus thérapeutiques (page 67).

Evitez le régime tout foie qui peut causer une hypervitaminose
A (caractérisée par une faiblesse générale et des problèmes osseux)
et la diarrhée.

Le lait

Ecrémé, pasteurisé et artificiellement revitaminé, le lait commercial d'aujourd'hui n'a plus ses vertus d'antan: devenu une simple boisson, il n'est plus le magnifique aliment naturel d'autrefois. D'ailleurs, la grande partie de la population féline adulte le prend assez mal et connaît à son effet, les affres et les plaisirs de la diarrhée: les chats perdent en vieillissant la lactase qui permet sa digestion. Munis d'un équipement enzymatique spécialisé, les chatons par contre le digèrent bien. Durant la gestation, la chatte l'utilise cependant à bon escient pour édifier le squelette de la portée à venir.

Une légende tenace consiste à croire que le lait donne des vers aux chatons. Rien de plus faux: ces parasites passent simplement de la mère aux petits, via l'utérus, dans les derniers jours de la gestation chez les chiens. Pas chez les chats cependant, mais pour un préjugé, ce n'est qu'un léger détail.

Les légumes

Les légumes permettent un brassage stomacal efficace en donnant au transit digestif un certain volume. Seuls, sont employés à profit les carottes, les légumes verts, les asperges et les poireaux qui sont des mines inépuisables de vitamines. Tout ce monde végétal sera cuit à la vapeur et au beurre, s'il vous plaît.

Mais ce sont les poireaux que vous ferez accepter le plus aisément. Presque tous les chats enfin sont absolument fous des asperges, des haricots verts et... des olives vertes parfois. Evitez les féculents (peu digestes) et les épinards d'une façon générale. Les protéines végétales n'ont pas l'heur de plaire à l'organisme félin qui met mieux à profit les protéines animales.

Les céréales

Les céréales complètent la diète féline en constituant un apport concentré d'énergie. En conséquence, on les évitera soigneusement pour les sujets obèses qui doivent fuir les calories "vides" et on les recommandera au chat fiévreux ou à celui dont l'organisme est soumis à une demande énergétique considérable (gestation, lactation, étalon en service). Après une cuisson sérieuse (pour réduire l'amidon), riz, avoine, blé et autres seront mélangés à la viande dans les proportions indiquées plus loin.

Les oeufs

Trop négligés, économiques. savoureux, les oeufs valent bien la viande ou le poisson ou peu s'en faut. Donnez seulement le jaune: le blanc cru contient une substance qui détruit la biotine, une des vitamines B essentielles à la santé de l'animal. Par contre, les oeufs entiers cuits ne présentent pas d'inconvénients (si ce n'est qu'il faut les faire cuire...)

L'herbe à chat

L'herbe à chat (*Nepeta cataria* pour parler comme Molière) provoque une réponse étonnante qui échappe à l'analyse, chez tous les félins, grands et petits. On cite, dans la littérature, les extases du lion et du léopard, les "trips" du lynx et du puma, et l'attrait irrésistible de l'ocelot pour cette étrange plante de la famille des menthes. Médiée par l'olfaction, cette "ivresse" est comparable à celle de la marijeanne et n'a heureusement rien de répréhensible dans le monde des chats. Très curieusement, seuls les félins, parmi toute la création rampante, marine ou ailée partagent cette émotion devant la cataire (*catnip* en anglais). Le principe actif (le nepetalactone) est utilisé dans de nombreux articles de jeux et de toilette, fascinants pour la horde féline. Un point intéressant: les chatons (de moins de deux mois) sont absolument insensibles à cette fleur du mal, un petit peu comme chez les humains où le goût du vin, des parfums musqués et des substances amères sont seulement appréciés après la puberté.

Des experts du comportement félin ont tenté d'associer les réponses extatiques de nos chats envers la cataire à une réponse sexuelle, mais il ne s'agit tout simplement que de l'expression d'un plaisir olfactif, partie intégrante de la joie de vivre que procurent les hallucinogènes. A moins, disent certains, qu'il existe incidemment dans cette plante de l'euphorie, une substance ensorcelante très proche de celle de l'urine du chat mâle qui "enivre les femelles".

Ceci dit, cette herbe purge efficacement et aide à évacuer les boules de poils récupérées lors du léchage. Les germes d'avoine, d'orge ou de blé (semés sur de la ouate humide) peuvent la remplacer avantageusement pour ce qui est des vertus laxatives. Mais où serait le plaisir?

L'eau

L'eau est plus importante que vous ne le croyez. Buveur discret (à la manière-chat, on s'abreuve dans le bol des toilettes ou sous le robinet), votre chat doit pouvoir disposer à toute heure du jour et de la nuit d'un bol d'eau fraîche (sans poisson rouge) et propre, surtout s'il est soumis au régime des croquettes sèches. Une soif immodérée doit vous alarmer et vous mener, tous les deux, séance tenante, chez son médecin. Si vous voulez faire de son menu quotidien un festin, offrez-lui un bol d'eau de source de la meilleure marque.

Les os

S'ils sont formellement interdits au chien trop glouton, les os peuvent être occasionnellement recommandés pour le chat plus prudent. Son sourire sera éclatant et son organisme recevra une généreuse ration de calcium: le rêve de tous les chats coquets! Evitez naturellement les os pointus.

Les aliments pour bébés

La nourriture pour bébés rencontre toutes les exigences nutritives du minet qui n'en demande pas tant. Avant d'opter pour cette solution coûteuse, sachez qu'elle rend certains chats diarrhéiques et que son usage doit être réservé aux chats de l'âge d'or, aux convalescents, aux adolescents ou aux grévistes de la faim, pour tenter de les séduire et leur rendre le goût de vivre.

Ce répertoire culinaire suffit pour mijoter à votre guise des petits plats félins fins. Evitez la monotonie, source d'ennui, et alternez la viande et le poisson. Si vous n'êtes pas un irréductible adversaire de la conserve pour animaux, ouvrez une boîte les jours fériés. Servez-vous de ce petit pense-bête diététique les jours de doute:

Une horde affamé
Photo Brian Allen

Aliments (100g)	Calories	Protéines	Lipides	Glucides	Sodium	Potassium
		g	g	g	mg	mg
Viande:						
Boeuf maigre	160	21	8.5	—	65	335
Porc	337	17	30.1	—	55	260
Coeur	260	16	20.4	1	90	160
Foie	134	20	5.4	2.5	130	380
Langue	306	19	29.6	1.1	100	340
Poumon	90	16	2.5	0.6	85	210
Poisson:						
Hareng	180	19	11	—	100	—
Sardine à l'huile	220	24	12.7	—	550	560
Perche	125	19	3.2	—	105	245
Riz	340	7	0.4	77.4	3	100
Oeuf entier	89	7.1	6.3	0.9	74	70
Légumes verts	19	2	—	5	20	150
Fromage	300	24	23	3	800	250

Les quantités

Pour vous guider dans les proportions, basez-vous sur un de ces deux menus types, servi en un repas et établi pour un chat adulte de 4 kg (9 lb) en bonne santé et sédentaire. Si vous prévoyez deux repas, divisez par deux pour chacun des repas. Pour le chat chasseur (ça se prononce comme ça s'écrit), ajoutez un tiers de viande pour le consoler et combler les dépenses, quand il rentre bredouille...

Menu à base de viande

Viande crue	100 gr
Riz ou céréales	50 gr
Légumes (carottes, asperges,légumes verts)	30 gr
Levure de bière sèche	8 gr
Lard frais	12 gr
Total:	200 gr

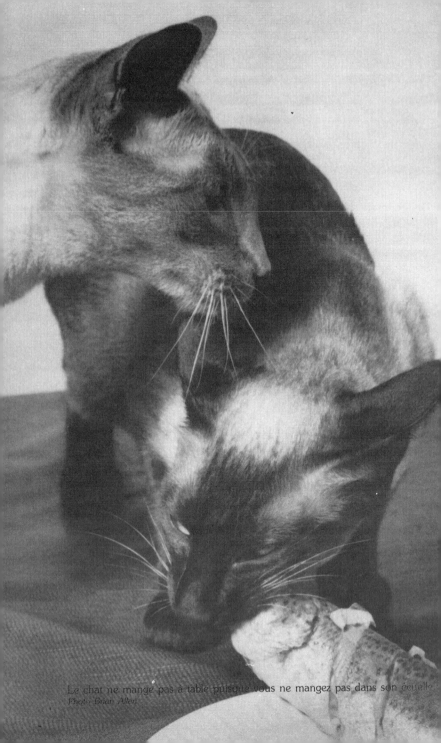

Le chat ne mange pas à table puisque vous ne mangez pas dans son écuelle.
Photo: Brian Allen

Ajoutez:

- une pincée de sel iodé
- une cuillerée à thé d'huile de germe de blé (une fois par semaine)
- une cuillerée à thé de sels minéraux.

Menu à base de poisson

Poisson maigre (morue, colin...)	140 gr
Riz	28 gr
Légumes	20 gr
Levure de bière sèche	4 gr
Lard frais	8 gr
Total	200 gr

Ajoutez:

- une cuillerée à thé d'huile de germe de blé (une fois par semaine)
- une cuillerée à thé de sels minéraux

Donnez quatre repas de viande par semaine, deux de poisson et un d'abats pour le commun des chats. Pour le Siamois, le Birman et l'Himalayen, inversez le décompte: quatre de poisson, deux de viande et un d'abats pour la beauté de la fourrure et pour satisfaire leur goût immodéré pour le poisson à toutes les sauces.

Les aliments commerciaux

Il existe, en Amérique du Nord, une population parallèle de 650 millions d'animaux de compagnie de tout poil (tortues, souris, hamsters, gerboises et autres reclus volontaires), dont 40 millions de chiens et 48 millions de chats. Cette faune, toute de tendresse, a cependant un appétit féroce. Elle ingurgite annuellement pour 1 milliard d'aliments (sur les 3 milliards du "pet business") mitonnés industriellement à leur intention.

La vente d'aliments pour chats a dépassé depuis 1972, et de loin, celle des aliments pour bébés, victime de la croissance "zéro". La marge des profits étant absolument énorme, les industriels, toujours prêts à "aider" le grand public, ont vite compris le parti à tirer de cette situation. Tout a été fait pour allécher les propriétaires de cette clientèle à quatre pattes. Chaque année, 70 millions (contre 10 millions pour la recherche) sont investis généreusement dans une publicité "attendrissante" où est mis à contribution le complexe de Bambi qui sommeille en chacun de nous.

Sont mis de l'avant tendres chiots et mignons chatons dont le facies juvénile inspire d'irrésistibles sentiments maternels et protecteurs. On exploite aussi le thème de l'amitié: "Ces heures précieuses partagées avec le chat, ce compagnon, symbole de la famille"... La puissance de ces arguments et la commodité de la solution proposée ont permis à une avalanche d'aliments tout préparés, de déferler sur le marché, laissant perplexes les propriétaires vraiment soucieux du bien-être de leur protégé et de la qualité du produit qu'ils achètent au prix fort.

Le fait que les consommateurs ne soient pas les payeurs et que la clientèle féline ne soit pas syndiquée a permis aux compagnies de vivre grassement au profit de la santé des animaux de compagnie et de jeter au public, pour toute pâture à leur curiosité, une "analyse garantie" complètement dénuée de sens scientifique.

Les plus curieux s'efforcent bien de lire la recette avouée (par la force des lois) sur l'étiquette, mais il n'existe pas de prose plus affligeante que celle qui repose sur les boîtes de ragoûts pour chiens et chats. L'art subtil de la nuance et de la périphrase est uti-

lisé pleinement pour dissimuler la vraie valeur du contenu. Les propositions vaguement scientifiques alternent avec les aveux forcés.

Ainsi, il n'est pas encore possible d'obtenir, inscrit noir sur blanc, le pourcentage exact des différents ingrédients entrant dans la composition du ragoût et une analyse vraie des protéines, ce qui permettrait d'apprécier la qualité de la ration et de séparer le bon grain de l'ivraie, donc de sélectionner un produit en toute connaissance de cause.

Analyse du produit

L'analyse "garantie", affichée avec une belle candeur sur les étiquettes, n'a rien de sérieux puisque le contrôle de la qualité est laissé aux soins de la compagnie, à la fois juge et partie. Elle ne livre que la formule alimentaire, énoncée en quantités décroissantes, des produits employés, ce qui permet de varier les pourcentages à l'intérieur des limites avouées, en fonction du marché du moment. A leur avantage, les compagnies incorporent par exemple soit du soja (valeur biologique = 75) ou du maïs (valeur biologique =54) sans jamais garantir de composition fixe.

L'analyse "garantie" (pourcentage de protéines, de gras, de fibre et de minéraux) qui orne chacune des boîtes et apaise les légitimes inquiétudes des acheteurs est un marché de dupe. Elle parle de "quantité" où il faut préciser "qualité" et ce dialogue de sourd pourrait se traduire en une réalité comique, légalement et scientifiquement acceptable et conforme à ceci:

Analyse garantie d'une boîte standard de nourriture pour chat, de marque connue	*Analyse garantie équivalente*
Protéines 10.0%	1 vieille chaussure de cuir
Gras 6.5%	½ tasse d'huile à moteur
Fibre 2.4%	(sans plomb)
Cendres 4.3%	¼ de tasse de charbon broyé
Sucres 18.8%	2 tasses d'eau
Humidité 68.0%	

Voici pour la qualité et l'humour noir de la situation! Existe-t-il un chat suffisamment pervers pour saliver devant ce menu et un propriétaire suffisamment naïf pour acheter ce genre de festin? La complicité du silence des compagnies devant les exigences des universitaires et le manque d'information disponible pour les vétérinaires et le public font le reste.

Le chat est une bête philosophique, étrange, tenant à ses habitudes...
Photo Brian Allen

Une protéine ne vaut que ce que vaut sa valeur biologique, c'est-à-dire sa capacité d'assimilation par l'organisme qui la digère. Car il existe de très mauvaises protéines, sans aucune valeur. Et jusqu'à preuve du contraire, aucune vraie garantie ne nous est offerte concernant leur qualité. Les déchets de boucherie, par exemple, malgré leur taux élevé de matières protéiques, renferment des protéines dont la valeur biologique est nulle. Si ce genre de littérature ne vous désespère pas, peut-être pourrez-vous arriver à quelques conclusions personnelles en suivant ce cheminement critique.

Le nom de la marque

Le médecin est parfaitement capable de vous renseigner sur le sérieux de la compagnie. S'agit-il d'une maison spécialisée dans les produits alimentaires humains qui refuse de renoncer à un profit marginal et coquet en utilisant les déchets de boucherie, les aliments suspects? Se sert-elle de l'absence de législation précise pour couvrir le marché d'un aliment très bon marché, à l'étiquette flamboyante et à l'analyse garantissant des merveilles? Ou encore d'une maison qui supporte des études sérieuses sur la diététique féline dont les travaux sont accessibles et contrôlés par les universités?

Le poids

Il permet d'évaluer le prix aux 100 grammes, de comparer et de tirer une conclusion: une bonne protéine coûte toujours cher...

L'analyse garantie

Refusez les boîtes contenant plus de 8% de cendres: un pourcentage élevé hausse sur la pointe des pieds les statistiques affligeantes de calculs urinaires.

Refusez moins de 3% de gras pour ce qui est des nourritures humides.

Refusez les boîtes contenant plus de 75% d'eau.

Refusez moins de 7% de gras pour les nourritures sèches.

Refusez les conserves anormalement gonflées (putréfaction bactérienne).

Refusez les marques livrées sans étiquette.

La liste des produits utilisés

C'est un charabia insensé. Seul votre vétérinaire-conseil peut déchiffrer ce message sibyllin et vous garantir la présence des vitamines et des sels minéraux indispensables. Une chose est certaine: la liste est donnée en quantités décroissantes. Si les deux premiers ingrédients ne sont pas de la viande, changez de marque.

Efficacité protéique et santé

Les aliments commerciaux, jusqu'à preuve du contraire, ne peuvent en aucun cas garantir la santé de nos chats. Ce point est facilement illustré ici et met en relief une mesure simple, efficace, de la qualité d'une viande en dosant une substance qu'elle contient: l'hydroxyproline. Sa mesure objective un volume de protéines non utilisables pour le chat et qui nuit à sa santé.

Protéines	% hydroxy-proline	efficacité protéique	santé de 10 chatons après 2 mois.
Viande rouge (100%)	0.31	1.80	excellente
Tissu conjonctif: tendons, fascias, cartilages (100%)	9.50	0	10 morts
Viande rouge (90%) et Tissu conjonctif (10%)	1.59	1.60	excellente
Viande rouge (60%) et Tissu conjonctif (40%)	4.28	1.09	4 morts
Viande rouge (40%) et Tissu conjonctif (60%)	5.54	0	10 morts

Une bonne protéine doit contenir les dix acides aminés essentiels que l'animal ne peut synthétiser lui-même. Son efficacité est déterminée par son acide aminé le moins abondant et c'est ce facteur "limitant" qui règle son efficacité biologique. Malgré cela, on continue encore à exprimer naïvement le contenu protéique des conserves en quantité et non en qualité. En toute équité, et par souci de simplicité, on pourrait le faire si de strictes normes étaient imposées par une législation précise que l'on attend encore.

Qualité protéique de quelques aliments

Aliments	% déficit du facteur limitant	Valeur biologique	Efficacité chez le chat
Référence:			
oeuf entier	0	96	3.8
Muscle de boeuf	29	76	3.2
Lait de vache	32	90	2.9
Levure	55	63	0.9
Soja cuit	57	75	2.3
Blé entier	63	67	1.5
Gélatine	100	25	nulle

Les statistiques sont trompeuses et ne servent qu'aux compilations de laboratoire. Ne déterminez pas une diète idéale sur un tableau chiffré en choisissant l'aliment le mieux représenté. Aucun n'est complet en soi. La solution idéale consiste encore à varier la diète pour éviter toute carence. En attendant, l'alimentation commerciale offre plusieurs formules dont il faut bien se satisfaire par souci de commodité.

La nourriture humide

Sous de nombreuses étiquettes alléchantes, la nourriture en conserve est toujours composée de la même bouillie standard parfumée de différentes saveurs (fruits de mer, boeuf, poulet, foie, poisson) pour séduire une large clientèle. Avec les restrictions énoncées ci-dessus, concernant l'absence inadmissible d'informations claires sur la formule, les conserves des grandes marques ont l'avantage d'être stérilisées et préparées dans la stricte observance des règles de l'hygiène. Leur composition est "garantie" comme étant équilibrée et leur emploi facile. Les viandes utilisées sont de deuxième catégorie et proviennent des "devants" des carcasses qui ne trouvent plus d'utilisation en alimentation humaine. Mais le contenu a un bel aspect et dégage une odeur, somme toute, agréable. On raconte que plusieurs personnes étourdies ont mangé durant des années de ces petits pâtés bon marché sans s'en plaindre. Les chats, pris au dépourvu de leur inexpérience au sevrage, acceptent souvent bien ce produit. Faute de grives, on mange des merles! Rares sont ceux qui se damneraient pour un abonnement à vie...

Un défaut cependant: une nourriture trop molle amène à la longue un dépôt jaune brunâtre sur les dents (plaque dentaire calcifiée) qui engendre une mauvaise haleine (halitose) et de sérieuses complications (pyorrhée alvéolaire avec chute prématurée des dents).

Quantité requise: 200 g par jour pour un chat de 4 kg

Taux de protéines recommandé: 8.5% (10% pour le chaton)

Gras minimum: 7.5%

Eau: 76%

La nourriture semi-humide

Très pratique, elle ne nécessite pas de réfrigération. Le sachet est étanche. Une formule plus économique: vous achetez moins d'eau (environ 35% au lieu de 75% contenue dans la nourriture humide). Elle constitue un moyen terme alimentaire intéressant, quoique le parfum de la pâtée "vibre" plus avec de l'eau. Certains chats difficiles ne jurent que par elle. D'autres préfèrent mourir de faim plutôt que de se commettre à la goûter... Dans ce cas, changez de chat ou de nourriture.

Quantité requise: deux sachets par jour (100 gr)
Taux de protéines recommandé: 16%
Gras minimum: 12%
Eau: 37%

La nourriture sèche

Elle se présente sous forme de granulés ou de croquettes qui peuvent être attendris avec de l'eau ou du lait. Elle constitue une nourriture très économique, appréciable pour lutter contre l'inflation galopante mais le procédé de déshydratation détruit certaines valeurs nutritives. Croquer semble être un exercice agréable pour certains chats qui en raffolent et refuseront par la suite toute autre proposition. En plus de ces avantages, elle évite les dépôts de tartre et favorise une saine gymnatique des gencives qui permettra au chat de garder ses dents.

Quantité requise: à volonté
Taux de protéines recommandé: 30%
Gras minimum: 7.5%
Eau: 10%

Avantages	Désavantages

Nourriture humide

Avantages	Désavantages
Pas de réfrigération nécessaire (boîte intacte)	Méthode de conservation coûteuse
Très appétissant	75% d'eau
Très digestible	Boîte lourde, peu pratique
Contenant très résistant	Perte des restes si non réfrigérés
	Favorise les dépôts de tartre

Nourriture semi-humide

Avantages	Désavantages
Pas de réfrigération nécessaire (sachet intact)	Altération du produit exposé à l'air
Généralement très appétissant	Quelquefois mal toléré
Ne contient que 25% d'eau	Détérioration en local humide
Contenant pratique, par portion	Méthode de conservation coûteuse

Nourriture sèche

Avantages	Désavantages
Pas de réfrigération nécessaire	Quelquefois pas assez de gras
Pas d'altération du produit exposé à l'air	Peut manquer de vitamines (détruites par la chaleur)
Plus de nutriments et d'énergie par livre que les autres formes	Semble favoriser la fréquence des calculs urinaires
Economique	

Bon à s'en lécher le museau!
Photo Brian Allen

Comment choisir?

Les supermarchés consacrent environ 1,5% de leur surface totale de vente aux 150 marques d'aliments pour chiens et chats. C'est dire que le choix est vaste et le client perplexe. Les produits les moins chers ont, comme il se doit, les protéines les moins "chères". N'ayez recours qu'à des étiquettes connues de votre vétérinaire, signées par des compagnies qui poursuivent des recherches sérieuses sur la diététique féline et qui sont prêtes à vous fournir, sur demande, une justification intelligente de la qualité de leurs produits. Pour ce qui est du choix définitif entre les meilleures d'entre elles, rassurez-vous. Sans demander votre avis, un chat bien né fera une sélection personnelle devant laquelle vous céderez...

Mais de toute façon, le régime continu d'aliments commerciaux commande des suppléments: alternez dans la mesure du possible les différentes marques, passez allègrement de la nourriture sèche aux deux autres et ajoutez à la ration quotidienne (comme ultime garantie de bonne marche de votre chat) une cuillerée à thé d'huile de germe de blé ou d'un produit polyvitaminé et une cuillerée à thé de sels minéraux dispensés par le vétérinaire.

La solution raisonnable consiste, à mon avis, en un moyen terme. En attendant les réponses précises des compagnies et les lois adéquates protégeant ces discrets consommateurs, utilisez la commodité indiscutable de ces produits et la richesse nutritive des menus maison de la bonne manière:

Le menu du moyen terme

Lundi

    matin: 1 jaune d'oeuf dans une tasse de lait
    soir: nourriture humide ou semi-humide

Mardi

    matin: nourriture sèche
    soir: abats (coeur, foie, rate ou rein) ou viande de cheval

Mercredi

    matin: nourriture sèche
    soir: nourriture humide ou semi-humide

Jeudi

    matin: nourriture sèche
    soir: nourriture humide ou semi-humide

Vendredi

    matin: 1 jaune d'oeuf dans une tasse de lait
    soir: nourriture humide ou semi-humide

Samedi

    matin: nourriture sèche:
    soir: abats (coeur, foie, rate ou rein) ou viande de cheval

Dimanche

    matin: nourriture sèche
    soir: nourriture humide

Occasionnellement: fromage cottage, viande cuite, poisson cuit, aliments pour bébés (foie, viande, fromage), céréales et légumes très cuits, jus de tomate ou de clam, lait, un os à broyer.

Vitamines et minéraux: conseillés durant la lactation, la gestation, la croissance, la convalescence et le troisième âge.

Graisses: 1 cuillerée à thé par jour (beurre, margarine, huile végétale ou bacon).

Eau: Fraîche, propre, toujours disponible.

Un Persan blanc.
Photo Attila Dory
Eleveur: Elaine Gesel

Les régimes supplémentés

Bien qu'ils ne soient pas essentiels si votre chat est nourri avec l'attention qu'il convient, les suppléments compléteront la valeur nutritive des aliments commerciaux, même s'ils sont "réputés" complets. C'est dire qu'ils sont indiqués pour tous les chats, du Persan champion à l'aventurier des gouttières, de l'étalon à la mère gestante. La pharmacopée vétérinaire dispose d'une foule de suppléments polyvitaminés, gorgés de sels minéraux essentiels, sous forme de poudres, de liquides ou de granulés divers. L'achat inconsidéré de suppléments miracles dans les magasins d'animaux se révèle toujours une mauvaise affaire à long terme. Seul, l'homme de l'art a les compétences pour poser un diagnostic et établir une diète appropriée. Si vous n'avez confiance qu'aux bons vieux produits qui ont fait leur preuve, faites un choix chez votre herboriste:

— *la levure de bière:* les levures sont d'excellents compléments diététiques à condition qu'elles soient employées sèches: 50% d'excellentes protéines (valeur biologique = 70), 2.5% de graisses et 40% de sucres lui donnent une belle image diététique. Minéraux, vitamines et autres facteurs de croissance sont bien représentés. Une demi-cuillerée à café par jour, mélangée aux aliments, est une bonne assurance-santé et un à-valoir sur le grand prix pour les matous d'exposition.

— *l'huile de foie de morue:* sortie tout droit des recettes de grand-mère, si ce n'est pas une panacée, elle contient cependant trois éléments essentiels qui lui confèrent des propriétés médicamenteuses: vitamines D antirachitiques, vitamines A, protectrices des muqueuses et des acides gras pour le poil. Un autre avantage: les chats ne se font jamais prier pour avaler la potion.

— *l'huile de germe de blé:* quelques gouttes chaque jour dans la pâtée suffisent à donner une fourrure abondante et brillante. L'huile de germe de blé, riche en vitamine E et en acides gras est un des petits secrets des éleveurs qui raflent les trophées aux expositions.

Les régimes thérapeutiques

Les menus thérapeutiques vétérinaires, conçus par des spécialistes, sont la vraie solution à ce long bavardage sur les mérites comparés des différents aliments destinés au ventre des félins de compagnie. Préparés avec la même éthique, la même qualité que tout autre produit pharmaceutique, ils satisfont parfaitement tous les besoins nutritifs des chats. Ils ont le désavantage d'être coûteux (sensiblement 3 fois le prix de la pâtée ordinaire) et nécessitent une prescription du médecin-traitant. Sur ce point, la médecine humaine devrait s'inspirer de cette pratique.

Forme humide

— *la diète K/D: (Kidney Diet)* pour les maladies du rein et du foie. L'utilisation protéique est maximale. Convient à tous cependant.

— *la diète C/D: (Calculus/Cystitis Diet),* pour les sujets sensibles à la calculose rénale et aux inflammations urinaires. Contient strictement les minéraux nécessaires. Acidifiant urinaire, ce menu est aussi préventif.

— *La diète P/D: (Pregnant Diet)* Rencontre les besoins du chat dans les moments difficiles et les périodes de stress (croissance, reproduction, convalescence). Convient à tous.

— *La diète I/D: (Intestinal Diet)* pour les diarrhées tenaces et les problèmes intestinaux en général.

— *Le lait KRM:* pour les orphelins sans nourrice.

Forme sèche

— *La diète sèche (Science Diet):* Prévient les calculs urétraux: 60 grammes par jour suffisent, tant les protéines sont bien équilibrées.

La liste n'est pas limitative. Certaines compagnies pharmaceutiques se font une gloire d'incorporer dans de savantes pâtées des médicaments antiparasitaires tandis que d'autres revendiquent, grâce à une formule secrète, d'étonnantes guérisons des cas de diabète, d'hypothyroïdisme ou de maladies de foie... Peut-être qu'à l'avenir, on ne pourra même plus creuser sa tombe avec ses dents...

Les diètes spéciales

"Quiconque jouit trop est bientôt
dégoûté; il faut au bonheur un régime."
Florian

"Quel que soit le père de la maladie un mauvais régime en est toujours la mère..."

L'organisme félin a des exigences qui varient selon l'âge, le sexe, l'activité ou l'état physiologique. Chaque chat doit donc recevoir son juste quota alimentaire pour ne pas illustrer cette maxime gastronomico-politique.

L'alimentation des chatons

L'allaitement maternel

Paupières et oreilles closes jusqu'au dixième jour, cent grammes de fourrure humide et pataude se dirigent "au nez" et se partagent les huit mamelles maternelles avec voracité. Durant cette "obscure" période alimentaire, ils s'empiffrent du précieux "colostrum" (le premier lait maternel). Indispensable, laxatif et riche en principes nutritifs divers, ce liquide immunise temporairement les chatons contre certaines maladies infectieuses. Les premières tétées constituent une assurance maladie non négligeable.

Les chatons seront grassement nourris au sein jusqu'à la sixième semaine, profitant de quelques grammes quotidiens durant ce délicieux moment de complicité. Surveillez leur poids pour déceler à temps un arrêt possible de la sécrétion lactée par exemple (vérifiez en pinçant gentiment une mamelle maternelle pour faire sourdre le lait). Les mamelles sous le nombril sont les plus généreuses: les chatons les plus forts se les approprient d'office.

Chatons et chiots ont le privilège d'être, parmi les mammifères, les nouveaux-nés dont la croissance est la plus rapide (ratons et lapereaux exceptés). Ils doublent leur poids dès la première semaine, le triplent la deuxième, le quadruplent la troisième. Seul le lait maternel ou une formule lactée très étudiée peuvent subvenir à leurs énormes besoins.

Les chatons conservent une sorte d'amitié fraternelle jusqu'à deux mois environ.
Photo: Brian Allen

La croissance du chaton

âge	Gain de poids par jour (gr)		poids moyen (gr)	écart normal (gr)
	mâle	femelle		
naissance			100	70-135
0 à 7 jours	17	16	167	89-221
7 à 14 jours	8	7	217	130-284
14 à 28 jours	4.7	4.2	310	209-415
28 à 56 jours	3.8	3.9	490	305-668
sevrage				
8 à 12 semaines	2.2	2.7	750	600-1000
1 à 2 ans	1.6	1.6	Poids adulte mâle 4500 femelle 3500	

Devant un chaton qui ne profite pas, isolé dans une portée florissante, livrez-vous à un examen rapide: possède-t-il un anus comme tout le monde, un bec de lièvre ou une fissure palatine qui l'empêche de têter efficacement? Si oui, la solution raisonnable reste encore l'euthanasie (bocal hermétique et ouate imbibée d'éther).

Dès le début de la cinquième semaine, le goût de l'exploration et du risque entraîne les chatons loin de la sécurité maternelle. Peu à peu, le goût de la tétée se perd, les dents poussent et la mère semble devenir indifférente ou hostile à leurs sollicitations. La production lactée diminue sensiblement et les chatons ne pensent qu'à laper comme des grands. Entrez dans le jeu sans tarder et offrez à leur inexpérience les premiers aliments semi-solides qu'ils vont apprendre à laper. Ajoutez progressivement à la formule lactée des céréales pour bébés, du foie en purée, du jaune d'oeuf et du fromage blanc. Cette bouillie sera servie jusqu'à la huitième semaine.

Dès lors s'opère en douceur le passage de la bouillie à la nourriture solide (servie à volonté). L'adaptation de leur flore intestinale se traduit quelquefois par une diarrhée passagère qui ne doit pas vous alarmer. Il est toujours préférable de donner plusieurs petits goûters par jour qu'un seul repas trop important. Menez cette politique alimentaire jusqu'à la huitième semaine, période du sevrage définitif et du passage de la bouillie à la nourriture solide. Les suppléments vitaminiques et minéraux sont de rigueur jusqu'à la douzième semaine, période critique où les anticorps maternels ne protègent plus le petit. Mais point trop n'en faut! de nos jours, les maladies d'excès sont aussi fréquentes que les carences...

A douze semaines, un chaton digne de ce nom engouffre, selon son sexe et ses occupations professionnelles, entre 80 et 200g d'aliments solides.

Le sevrage

L'âge tendre, celui de l'abandon de la mamelle, est incontestablement la période la plus critique de l'existence féline. "Comme on fait son lit, on se couche," dit le proverbe et il s'applique particulièrement bien au sevrage. La période du passage de la mamelle à l'écuelle, exige un minimum de 35% de protéines (sur une base de nourriture sèche) et 30% des calories sont fournies par ces protéines. Là encore, il faudra céder aux inclinations naturelles des papilles gustatives du chaton-presque-chat et être sûr qu'il reçoit sa juste ration.

Mais comme en toute chose, il faut savoir nuancer: c'est au sevrage que les chats gourmets se "fixent" psychologiquement sur certains plats, on ne sait par quelle alchimie des sens, pour n'en plus démordre leur vie durant. On connaît des chats épris de thon rouge, des fanatiques du gigot, des inconditionnels de la sardine ou du "mou" (poumon) rose. Donc, soyez bon stratège pour éviter d'un même coup les caprices gastronomiques et les carences, en passant sans gêne des repas maison aux nourritures commerciales, humides, semi-humides ou sèches. Cela vous évitera le casse-tête chinois que représente un chat capricieux.

Pendant la période critique du sevrage, l'alimentation de l'adolescent-chat ne doit pas comprendre que des aliments en boîte. On a vu les problèmes qu'ils peuvent causer aux adultes... Les suppléments, sous forme de viande, d'oeufs frais et de complexes minéraux polyvitaminés sont nécessaires.

Le sevrage est une période pleine de désagréments: rejet affectif de la mère, obligation de s'en remettre totalement aux bons soins du maître souvent inexpérimenté et fermeture de cet établissement où coulait sur demande et à flot un aliment parfait, chaud à point et comme on l'aime chez les chats. C'est l'âge où le sens hiérarchique qui n'est pas très fort chez la gent féline, fait cependant son oeuvre: les plus robustes accaparent les écuelles, mangent plus vite et écartent sans vergogne les plus faibles dans le pur respect de l'éternelle loi du plus fort.

Si votre approche est moraliste et non biologique, servez donc les déshérités à part pour éviter l'extinction de l'espèce. Dans tous les cas, forts et faibles recevront chaque matin une dose d'huile de foie de morue qui aide à la croissance et évite les constipations, fréquentes durant l'âge tendre. Consultez ces deux tableaux pour suivre les progrès constants de votre protégé.

Courbe de croissance normale des chatons (d'après Kirk)

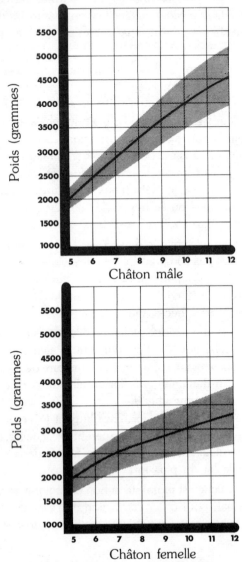

Châton mâle

Châton femelle

Le chaton orphelin

Si la mère est une nourrice défaillante ou que vous vous retrouvez malencontreusement avec une horde de chatons orphelins et affamés, tentez de trouver au plus vite une nourrice généreuse. Sinon, la pharmacopée vétérinaire comprend des laits spéciaux très au point (lait synthétique KRM par la compagnie Borden). Vous pouvez aussi composer vous-même un excellent succédané de lait maternel à partir du lait de vache qui a besoin d'être enrichi et non d'être coupé d'eau, comme on le pratique trop souvent.

Composition du lait	Femme	Vache	KRM chaton	Chatte	Chienne	ESBIL chiot
Protéines (%)g/100g	1.6	3.5	7.6	9.5	7.1	7.6
Matières grasses (%)g/100g	3	3.5	4.6	6.8	8.3	8.2
Lactose (%)g/100g	6.5	4.8	4.8	10	3.8	2.9
Calories (pour 100g)	60	65	90	142	121	130
Calcium (mg/100g)	33	130	200	35	230	168
Phosphore (mg/100g)	15	100	165	70	160	141

En effet, dans la nature, chaque espèce animale comble les besoins de la "génération montante" en la gavant d'un lait particulier. Il existe une relation précise (à laquelle il ne faut pas déroger) entre la composition du lait et la vitesse du développement.

Croissance et lait maternel

Espèce	Temps pour doubler le poids de naissance	Lait maternel Protéine (%)	Lait maternel Minéraux (%)
Homme	180	1.6	0.2
Cheval	60 jours	2.0	0.4
Vache	47 jours	3.5	0.7
Chien	8 jours	7.1	1.3
Chat	7 jours	9.5	1.5

Très simplement, composez donc ce cocktail lacté qui fera parfaitement l'affaire:

Recette maison du lait d'orphelin

- lait en poudre: 120 g
- eau de source (non gazeuse): 120 g
- jaune d'oeuf cru: 1
- sirop de maïs: 1 c. à soupe
- huile de foie de morue: 5 gouttes

Servez tiède six ou sept biberons (de poupée) à 37 C. de ce mélange par jour (soit 40g) de la naissance au jour quinze, puis 60g de la deuxième à la cinquième semaine, en augmentant la quantité à satiété. Partagez la dose quotidienne en autant de biberons. Si vous avez des trous de mémoire, suivez le guide:

Age	Poids de lait par jour		
3 jours	20% du poids du chaton		
7 jours	25% -	-	-
14 jours	30% -	-	-
21 jours	35% -	-	-

Un chaton nouveau-né de 100 grammes absorbera 20 grammes du cocktail lacté le troisième jour et environ 40 le septième (il pèse alors environ 160g). Réduisez le rythme à quatre services par jour dès la quatrième semaine et dirigez-vous vers le sevrage qui commencera un peu précocement à cette occasion, c'est-à-dire à la cinquième semaine. Lui comme vous, devez être épuisés par cette curieuse relation parentale: car nourrir au biberon une portée entière réclame une belle constance et de la vertu. Votre rôle de nourrice bien attentionnée ne s'arrête pas là... En plus de nourrir les petits, il va falloir les aider à faire leurs besoins: les 15 premiers jours, frottez doucement avec un coton humide et tiède (pour remplacer la langue maternelle) le pénis ou la vulve, sans oublier l'anus. A ce contact, le chaton relâchera ses sphincters.

Le chaton nouveau-né est presque un animal à sang froid. Incapable de maintenir seul sa température centrale, l'assistance d'un coussin chauffant (27° C) est indispensable. Ajustez la température à 24° C après les deux premières semaines. Assurez-vous que le chaton est réveillé avant de lui enfourner la têtine pour ne pas qu'il s'étouffe. Sitôt le repas achevé, comme pour le bébé humain, aidez-le à faire son "rot". Massez l'abdomen du bout des doigts pour expulser l'air absorbé avec le lait. Cinq semaines passées au rythme de ces tendres relations entraînent chez la nourrice humaine un irrésistible sentiment maternel. Mais les chatons orphelins ont rarement de la reconnaissance. Ils ne pratiquent même pas celle du ventre!

L'absence des vraies relations maternelles en font très souvent des créatures sournoises, versatiles et imprévisibles. Très rarement réussiront-ils à aller au bout de leurs amours, (les mâles seront fréquemment stériles et les femelles agressives) et c'est parmi cette population que fleurissent les mères infanticides, les incorrigibles fugueurs et les psychopathes au coup de griffes inévitable. Mais il existe toujours des exceptions pour confirmer la règle. Et ce sera sans doute votre chaton...

La nourrice

Satisfaire une portée vorace durant six semaines n'est pas à la portée de n'importe quelle chatte et exige de l'éleveur du doigté. Du repas à heure fixe, passez au buffet permanent où la chatte peut, durant le sommeil des rejetons repus, refaire ses réserves. Il faudra lui fournir une alimentation riche et abondante, combler ses besoins en protéines nobles, en vitamines B complexes, en calcium, en phosphore et en énergie (une chatte en lactation exige 125 calories par livre de poids par jour, contre 40 normalement).

A la découverte du monde...
Photo Brian Allen

Quadruplez la quantité de viande ou de poisson du menu maison (voir page *47*), supprimez presque entièrement les légumes et offrez-lui tous les jours que Dieu fait une boisson reconstituante qui nous vient de nos grand-mères: le lait de poule (un bol de lait sucré enrichi d'un jaune d'oeuf). A tous ses repas, ajoutez sels minéraux et vitamines très généreusement, sous forme de complexes polyvitaminés, d'huile de foie de morue et de poudre d'os. Evitez le non-sens commun qui consiste à donner du lait pour que la chatte donne du lait. Les protéines sont capitales pour la formation du lait et les meilleures pour un félin ne peuvent être que la viande.

Si la mère présente soudainement une crise d'épilepsie avec convulsions, tremblements et raidissement des membres: c'est du domaine de l'urgence vétérinaire. Un manque de calcium et de phosphore en est la cause. Pour la préserver des crises récidivantes de la "fièvre du lait", tarir la montée laiteuse reste souvent la meilleure solution. A vous les grandeurs et les servitudes du métier de nourrice (voir page *79*).

Le lait d'orphelin peut remplacer avantageusement le lait maternel.
Photo Brian Allen

Comment arrêter la montée de lait...

Toutes les grossesses ne sont pas heureuses. Quelquefois, la portée disparaît pour une raison ou pour une autre vers un monde meilleur et la mère se retrouve alors, seule, les mamelles douloureusement gonflées de lait. Pour tarir le lait, sans avoir recours à la chimie, une seule méthode radicale, peu agréable pour le soigné et le soignant, mais d'une efficacité incontestable: enfermez la mère dans une pièce noire, sans eau ni nourriture durant vingt-quatre heures.

Après la réclusion, offrez-lui pour tout réconfort, des caresses et des mini-repas (la moitié du régime ordinaire) durant quatre jours. Ne tentez pas de la traire pour la soulager: vous ne feriez qu'activer la production lactée. Un massage des mamelles douloureuses avec une crème améliore souvent la situation.

Une chatte en lactation a besoin de trois fois plus de calories qu'en temps normal.
Photo Brian Allen

La chatte gestante

Chez la chatte en voie de famille, de nouveaux apports nutritifs (pour la synthèse du foetus, du placenta et les remaniements des tissus maternels) sont nécessaires. L'appétit s'élève dès le début de la grossesse.

Pour satisfaire la portée en chantier, la ration de la future mère est majorée dès la quatrième semaine. On augmente d'un bon quart la quantité de poisson bouilli ou de viande fraîche, au détriment des légumes. La ration s'arrose d'une cuillerée à soupe d'huile de foie de morue et d'une bonne cuillerée à thé de sels minéraux. A noter: il existe une diète thérapeutique spéciale P/D (*Pregnant Diet*) idéale pour cette période prénatale où chaque élément est dosé en fonction des énormes exigences physiologiques de la future mère.

Les exigences des races

Contrairement au chien dont les 143 races diffèrent sensiblement par la taille, le poids et l'activité, le chat, qu'il soit Persan et de souche princière ou vagabond des gouttières, a toujours les mêmes exigences nutritives. Sans doute les chats diffèrent-ils par leurs goûts et leurs conditions physiologiques mais cet état conditionne seulement la richesse et la qualité du régime alimentaire. Cependant, les Siamois sont les plus exigeants en ce qui concerne les apports phospho-calciques (offrez-leur de la poudre d'os). Ils ont une préférence marquée pour le poisson et certains montrent une curiosité alimentaire qui frôle la perversion (passion pour les olives vertes, les asperges, la laine des tapis persans, etc...).

Gardez toujours à l'esprit qu'un chat facile à contenter est celui à qui fut offerte, dès le sevrage, une grande variété d'aliments d'odeur, de consistance et de valeur nutritive différentes.

Le chat castré

Perdre ses attributs sexuels sous le froid couteau du chirurgien perturbe quelquefois l'appétit... On serait perturbé à moins! Certains chats se réfugient dans des compensations orales, l'inaction ou le sommeil et noient leur chagrin et leurs amours passées dans des orgies ininterrompues; d'autres beaucoup plus rares en oublient de manger et rejoignent la tribu des chats anorexiques pour qui se nourrir est presque vulgaire.

Quoi qu'il en soit, bien que le coût énergétique du coït soit bas, il vous faudra réduire de 25% les quantités de rations offertes aux mâles et femelles stérilisés pour ne pas avoir à subir la vue de ces eunuques domestiques, somnolents parce qu'obèses et inversement. Dans la vie, on n'oublie rien, on s'habitue, c'est tout...

Le chat du troisième âge

La médecine gériatrique prolonge dans des conditions acceptables la vie des vieux chats et des autres. La vieillesse se prépare dès le jeune âge, mais tout compte fait, elle surprend toujours. On peut recourir à une diète thérapeutique K/D qui contient des protéines de haute qualité (sans déchet) pour soulager le travail des reins, du foie et suivre ces conseils:

- Hachez la pâtée: nos vieux chats civilisés ont une tendance très marquée à perdre leurs dents de bonne heure et le dentier de chat n'est pas encore au point.
- Les aliments pour bébés constituent une excellente solution nutritive pour les chats de l'âge d'or.
- Les comprimés gériatriques sont indispensables pour combler les déséquilibres hormonaux, vitaminiques et minéraux dus au troisième âge.
- Le sel est toujours à déconseiller dans les pâtées des chats vieillards.
- Le vieux chat doit être brossé très souvent pour éviter la formation de boules de poils dans l'estomac qu'il n'évacue que très péniblement.
- Bannissez les nourritures sèches qui ne conviennent pas à sa dentition et provoquent d'insidieux calculs urinaires.
- Une visite chez le médecin gérontologue est recommandée tous les six mois pour évaluer les déficits métaboliques et surveiller particulièrement le coeur, le foie et les reins.

Le chat obèse

Un Nord-Américain sur deux est obèse. En conséquence, un chat sur deux est exagérément gras puisque, selon une relation de cause à effet encore méconnue, les animaux souffrent complaisamment des mêmes maladies de civilisation que leur maître. L'obésité, avec son cortège de troubles cardiaques, hépatiques et vasculaires, est une condition grave. La vie domestique (pour les animaux comme pour leur maître) en est la principale cause car elle affaiblit le sens instinctif de la mesure. S'il existe cependant une tendance des grands félins d'Afrique à se gaver de viande lors d'une chasse réussie, il ne faut voir là qu'une mesure de prévoyance très explicable dans ces contrées. Le maître a aussi des responsabilités à ce propos: il se satisfait lui-même en accablant son protégé de gâteries à la journée longue ou encore en ne sachant pas dire non aux regards suppliants.

Une longue suite d'abus alimentaires pour un chat sédentaire accélère le processus de vieillissement et l'usure des organes. Elle impose au foie et aux reins un travail d'épuration exagéré. Or, c'est par son foie et ses reins qu'un être existe (Dieu mis à part). Lorsque le foie, à bout de souffle, ne peut plus désintoxiquer l'organisme, que les reins filtrent et éliminent mal, peu à peu, l'organisme s'empoisonne avec ses propres déchets et ne pense plus qu'à être lui-même recyclé...

L'obésité n'est rien d'autre qu'un suicide organisé sur une longue période (une méthode à ne recommander à personne, même pas à son pire ami...).

Il existe une méthode sûre pour répondre à ce sermon moralisateur: le régime, après s'être assuré auprès du médecin des bêtes que l'obésité n'est pas l'expression d'une maladie métabolique, ni celle d'une maladie mentale comme la boulimie (voir page *104*).

Prenez votre courage à deux mains et réduisez la ration du délinquant boulimique d'un tiers. Refusez stoïquement toute sollicitation aux heures des repas. Bannissez les céréales, les matières grasses et les sucreries. Surveillez les chapardages compensatoires. Le chat obèse, impotent et ventripotent, sera donc soumis à un régime pauvre en calories. Seront interdits à sa convoitise: le pain, les pâtes, le riz et les féculents, la charcuterie et toute autre boisson que l'eau.

Pour bien faire, et ce durant la période du régime strict (toujours sous contrôle médical), soutenez son organisme qui se voit fondre, avec des complexes polyvitaminés. Certains anxieux peuvent être apaisés par des médicaments tranquillisants et anxiolytiques. Les repas faibles en calories conçus par des diététiciens vétérinaires ont fait leur preuve. Mais ne poussez pas la naïveté ou le stoïcisme jusqu'à les essayer vous-même pour perdre quelques centimètres de tour de taille...

Le chat malade

Les opérés

Pour obtenir une juste restauration des tissus assurant la cicatrisation et combattre le déficit dû aux pertes sanguines postopératoires, un régime riche en protéines s'impose. Les bouillons de viande (sources de protéines, de sels minéraux et de vitamines) sont offerts en petites quantités (mais fréquemment) au cours des deuxième et troisième jours suivant l'intervention.

héline racicot

Dès que le patient peut supporter une nourriture plus consistante, la viande sous forme de boulettes hachées (données quatre à cinq fois par jour) est recommandée en augmentant progressivement la ration jusqu'au retour à la normale (vers le huitième jour). Les yaourts permettent de rééquilibrer la flore digestive, souvent perturbée par les antibiotiques, et supplémentent la ration en calcium et en phosphore. Un complexe polyvitaminé est également recommandé.

Les fracturés

L'alimentation post-opératoire et une thérapeutique adaptée doivent permettre l'élaboration de la trame protéique de l'os et la fixation du calcium et du phosphore. On additionne la ration de sels phosphocalciques et de vitamines A et D (huile de foie de morue).

Chez les fracturés du bassin, les aliments sont donnés sous forme de bouillies, de viande hachée ou d'aliments pour bébés, pour éviter la constipation. Pendant la phase de réparation, on administre des lubrifiants du tube digestif (huile minérale).

Les opérés du tube digestif

Ils posent les problèmes les plus délicats de diététique post-opératoire. Il faut, sous un faible volume et sous une forme facilement assimilable, fournir à l'organisme les éléments plastiques et énergétiques qui permettront de compenser les pertes tissulaires et de reconstituer la masse sanguine perdue.

Le premier jour: on met l'opéré à la diète absolue.

Le deuxième jour: on peut administrer toutes les deux heures, une à deux cuillerées à soupe d'eau salée ou sucrée.

Le troisième jour: il est indispensable de lui fournir des protéines sous forme de bouillon de viande.

A partir du quatrième jour: on complète l'alimentation liquide par des boulettes de viande hachée dont le nombre augmente au cours du cinquième et du sixième jour.

Vers le huitième jour: on doit pouvoir revenir au volume du régime normal, tout en continuant à supplémenter la ration en protéines, en vitamines, en sels minéraux.

Les cardiaques

Le cardiologue fut définitif: votre chat souffre d'une maladie de coeur. Il est donc condamné à l'insipide régime sans sel! Le coeur malade s'oppose à l'élimination normale du sel (le sodium) qui s'accumule dans l'organisme. Un jeu biochimique complexe (traduction simple: le sel retient l'eau) oblige le coeur déjà fatigué, à pomper davantage. Et cela ne fait l'affaire de personne.

Donc la diète thérapeutique H/D ou, à défaut, K/D, peu salée, sera prescrite par le vétérinaire. Très souvent, devant sa fadeur, le chat cardiaque préférera retourner à la chasse, quitte à creuser sa tombe avec ses dents. A vous de l'en empêcher. Poêlez la ration médicale, accompagnez-la d'ail, d'oignon ou d'origan pour la parfumer et séduire le malade. N'utilisez plus les boîtes traditionnelles, à moins que vous ayez décidé de supprimer, *menu militari,* l'animal. Employez en moindre mal, la nourriture sèche, beaucoup moins salée que ses pâtées consoeurs semi-humides et humides:

Type de nourriture	Mg de sodium/100 g de matière sèche
Conserves ordinaires	884
Nourriture semi-humide	790
Nourriture sèche	442
Diète K/D	248

Ou encore, tournez-vous vers vos chaudrons:

Recette-maison sans sel:

100 g de viande émincée crue
60 g de riz
1 cuillerée à thé d'huile
1 cuillerée à thé de poudre d'os
complexe polyvitaminé et minéral

Aliments permis

- Viande maigre de cheval, poulet, agneau, jaune d'oeuf, lait entier, riz, poisson de lac et de rivière.

Aliments interdits

- Coeur de boeuf, foie, rein, bacon, aliments pour bébés, conserves ordinaires, fromage, beurre, céréales.

Le comportement
alimentaire

"Le chat est l'ami de la souris
puisqu'il la tue..."

un chat inconnu...

Sous toutes les latitudes, les félins ne démentent pas leur réputation de féroces chasseurs. Le chaton nouveau-né est déjà équipé d'une batterie d'instincts qui va lui permettre d'affronter avec succès les aléas du milieu et de développer son talent inné de prédateur. C'est sur cette base instinctuelle élémentaire du comportement que viendra se greffer l'apprentissage. Il l'enrichira par le jeu, l'enseignement maternel et l'expérience du monde.

Instincts et domestication

L'instinct de jeu

Le jeu est un comportement exploratoire de la plus grande importance pour l'équilibre psychique des chatons. C'est sur l'instinct de jeu que se construisent les caractéristiques définitives de la personnalité féline. Le jeu est une forme d'efficace leçon des choses et un apprentissage des différentes situations susceptibles d'être appréhendées avec succès dans la vie adulte.

Les structures héréditaires du comportement prédateur qu'illustrent abondamment les chatons sont assez simples: est perçu comme gibier, tout ce qui est petit, rond et doux, bouge rapidement et se sauve... Devant cette proie idéalisée (qui n'est souvent qu'une balle de caoutchouc), l'apprenti chaton s'en donne à coeur joie et multiplie les élégantes figures acrobatiques de ballet dans un cérémonial précis: l'effet de surprise passé, l'objet est évalué d'une patte réticente, puis jaillissent les griffes qui vérifient la consistance de la "proie" et évaluent sa réponse. S'ensuit une variété de postures que chacun connaît où le petit chasseur pratique l'affût (il rassemble alors son corps en une boule "bandée" comme un ressort), puis l'assaut final où il met la balle à mort dans la stricte observance de la tradition féline.

Ce cours d'éducation primaire est excellent: il perfectionne les circuits nerveux, améliore l'estimation des distances, la justesse du coup de patte et rode la petite machine. Tout jeu de chaton relève

Qu'il soit Persan ou de père inconnu, le chat a des dispositions pour la chasse.
Photo Brian Allen

du théâtre, de ses masques et de ses mimes puisqu'il possède ce merveilleux pouvoir de créer une situation de chasse et d'y croire, ceci sans faim aucune. L'activité ludique dépasse sans doute le cadre de cette analyse car elle illustre une disposition particulière de toutes les créatures vivantes d'un niveau mental élevé: celle de jouer pour le "plaisir" du plaisir... Elle n'est qu'un rêve vécu physiquement qui prend souvent le pas sur la réalité ou du moins la précède. Le jeu est une caractéristique d'une personnalité "en devenir". Il perd tout attrait chez l'animal "adulte" (c'est-à-dire pris au piège du "sérieux"). Comme l'affirme Lorenz: "Le jeu éveille automatiquement et sans expérience préalable un ensemble de mouvements cohérents, nécessaires et harmonieux par lesquels l'animal révèle non seulement sa beauté et son élégance, mais sa *culture*".

La mère chatte ne se contente pas de nourrir physiquement ses rejetons; elle leur procure des nourritures "spirituelles" en organisant elle-même des expéditions de chasse où sera formé à bonne école le talent cynégétique de la petite famille. L'étonnante disposition à saigner les rongeurs est inscrite dans la mémoire génétique de chacun des chatons (même élevés dans l'ignorance de cette pratique, ils s'y livrent avec habileté quand la première occasion leur en est donnée). Pour sélectionner un bon chat ratier, le mieux à faire consiste sans doute à adopter un chaton né d'une mère experte en la matière et de le laisser suffisamment longtemps avec sa mère (au moins quatre mois) pour qu'il perfectionne ses dispositions naturelles. Un chat ratier doit cependant toujours être nourri comme tout un chacun.

Par contre, si vous craignez d'abriter sous votre toit, un tueur sans gage et que vous êtes inquiet de l'avenir physique de vos perruches, de la douce gerboise ou du hamster innocent, choisissez un petit d'une mère non chasseresse. Vous augmentez vos chances d'avoir un chaton nanti d'une pauvre disposition génétique pour l'assassinat (c'est l'instinct de conservation traduit en langage moralisateur) et sans expérience aucune.

L'instinct de chasse

Le comportement du prédateur appartient à part entière au thème général de l'agression entre chats rivaux, mais il en diffère sur plusieurs points: la proie est abattue principalement avec les canines tandis que seules les griffes sont utilisées pour les combats à la chefferie entre matous ambitieux. L'attaque du gibier ne nécessite pas, d'autre part, les figures complexes de menaces employées pour dissuader les confrères et ces combats du reste sont strictement motivés par le taux d'hormones mâles circulant dans le sang (un chat castré fuit les batailles) tandis que le goût de tuer demeure à jamais vivace, testicules ou pas.

Le circuit nerveux impliquant le comportement d'agression est du reste spécifique: en excitant par des électrodes certaines parties

La semaine gastronomique des Siamois devrait avoir quatre vendredis.

Photo Brian Allen

de l'hypothalamus, on obtient une réponse dirigée vers les rongeurs; en excitant d'autres zones, on en obtient une autre dirigée vers les chats congénères ou vers les hommes seulement.

Les chats défendent avec acharnement, *griffu militari*, leur territoire (dont les frontières sont très précises et le réseau complexe: multiples postes d'observation, zone de repos, zone de chasse, etc...), pour affirmer leurs prérogatives sexuelles et cynégétiques. L'instinct de chasse varie énormément du reste parmi la population féline et dépend du code génétique et des possibilités locales. Contrairement à l'opinion répandue, les matous entiers ne sont pas meilleurs chasseurs que les castrats.

Les chats domestiques tuent pour satisfaire ce qu'ils doivent appeler entre eux "leur hygiène mentale", puisqu'ils sont grassement nourris à la maison. La proie convoitée diffère: certains se spécialisent en rongeurs (rats, souris, mulots), d'autres préfèrent les oiseaux, gibier subtil et vif, certains, les poissons (incluant ceux de l'aquarium); mais la plupart montrent une polyvalence dans ce talent particulier en mettant à mort tout ce qui se présente sous leurs griffes.

Le problème moral

Le chat retarde souvent, à la grande horreur de ses maîtres spectateurs, le moment de la mise à mort de sa proie blessée: il la laisse s'enfuir, la rattrape, la secoue par le cou ou plante encore ses griffes d'un air innocent dans ses flancs tout en prenant un plaisir intense et évident à cette situation. Cette attitude, qui lui procure une foule de sensations, olfactives (l'odeur du sang), auditives (les plaintes de la proie), visuelles, tactiles, toutes nécessaires à son équilibre psychique, est appréciée différemment par ses propriétaires. On le porte aux nues quand il fait un carnage (discret) de rats, on l'abomine lorsqu'il saigne un moineau ou prend son temps pour achever une souris. C'est surtout cette disposition sadique pour le meurtre "gratuit", même lorsqu'il est repu, qui lui est reprochée tout

Gymnastique ou schizophrénie?
Photo Attila Dory
Eleveur: Joan Batchelor

aussi légèrement que si on reprochait aux lévriers de courir ou aux poissons de nager.

Aborder le comportement animal sous l'angle des valeurs humaines et le goût de la morale mène à la confusion et mélange les genres. Il ne peut y avoir de sadisme chez le chat qui reçoit de ses ancêtres un héritage génétique où le comportement de chasse est strictement ordonné, si ce n'est chez les individus consanguins, atteints d'une névrose incontrôlable et dont l'ordonnance des instincts est en déroute. Les tentatives de dressage pour faire de votre compagnon un gentleman resteront vaines. Il suffit de le voir saliver et claquer à loisir ses mâchoires dans le vide devant un moineau protégé par la vitre pour s'en convaincre...

La mimique du gourmet.
Photo Brian Allen

Le ménage à trois...l'exception qui confirme la règle.
Photo Brian Allen

La domestication

La domestication a considérablement perturbé le rituel de la prise de nourriture. Des viciations du comportement comme celles des Siamois mangeurs de laine, des boulimiques incorrigibles, des anorexiques têtus, des gourmets "fixés" anormalement sur certaines saveurs, étaient sans doute inconnus des populations sauvages aïeules. Aujourd'hui, le chat domestique a enrichi son étiquette de la table. Il ne perçoit son repas qu'à travers un circuit compliqué incluant le tonus "émotif" des aliments, les sensations qu'ils procurent à tous les niveaux de son organisme, les relations sociales avec la famille humaine qui lui offre le gîte et le couvert, en plus des besoins organiques qu'il apaise.

Tout comme son maître qui autrefois enrichissait, par empirisme, son garde-manger en utilisant avec succès des denrées bizarres pour éviter les carences alimentaires, il a perdu le mystérieux sens profond de la quête de la "bonne" nourriture. Citons la fermentation des noix de coco enrichissant de vitamines l'alimentation des habitants des îles Fidji, la recherche des lichens dans l'estomac des rennes par les esquimaux dont l'alimentation est pauvre en vitamines B, ou encore le traitement à l'eau de chaux du maïs par les Indiens du Mexique pour le rendre digestible... Le chat, lui aussi, est à la merci de son écuelle trop souvent remplie par habitude dans le strict respect des préjugés.

Le rituel alimentaire

Les sensations alimentaires du chat (et incidemment de son maître) sont visuelles, olfactives, tactiles (par les lèvres et le palais), gustatives et digestives. C'est dire qu'elles accaparent la presque totalité du système sensoriel. De plus, la mémoire intègre ces expériences passées dans "l'état d'âme" si bien que la prise de nourriture prend vite l'allure d'un rituel. L'appétit, par exemple, pousse le chat à manger de une à trois fois par jour. Il ne correspond plus au besoin ancien de se gaver brutalement de gibier: considérant leurs réserves, l'homme et son commensal, le chat, pourraient ne manger qu'une fois par semaine, s'ils attendaient l'épuisement de leur masse graisseuse.

Ainsi l'acte alimentaire n'est plus orienté directement vers la satisfaction des besoins nutritifs, mais vers une sensation de soi-même. Peut-être l'appétit n'est-il rien d'autre que l'expression d'un besoin de changer de rythme physiologique, psychologique et coenesthésique (la sensation de soi) et de rendre la captivité moins monotone.

Naturellement, les esprits chagrins refuseront toujours aux animaux (autres qu'eux-mêmes) cette quatrième "dimension" de l'appétit. Ils continueront encore, comme Descartes, à considérer le chat comme une machine régie par des impératifs "mécaniques". Cette bataille opposera toujours les hommes unidimensionnels qui, comme saint Thomas, croient en ce qu'ils voient, et les autres, admettant à côté d'une connaissance logique, une connaissance affective, mystérieuse, émergeant des sensations.

Voilà ce qui pousse le chat aujourd'hui à manger régulièrement: la sensation d'être et la volupté. Regardez-le manger, les yeux clos, ronronnant de plaisir. Certains matous, amateurs de sensations et ennemis de la monotonie, se développent un vrai palais de gourmet et trouvent dans le plaisir de la table de vraies raisons de vivre. L'éducation du goût, dès le sevrage, détermine "l'avenir" gustatif du sujet. Certains raffolent uniquement de poisson cru, de viandes ou d'oeufs, d'autres ne rêvent qu'à des orgies de croquettes sèches ou de ragoûts commerciaux. Tout ceci, réglé selon une alchimie bizarre et inexplicable, c'est le phénomène de l'accoutumance, si puissant chez les chats.

Comme la digestion est, de toutes les opérations corporelles, celle qui influe le plus sur l'état normal de l'individu, la manière dont elle se fait rend nos chats gais, tristes, miauleurs ou mélancoliques. Les chats lettrés doivent approuver sans réserve Brillat-Savarin qui écrivait: "Le poète le plus lacrymal n'est séparé du poète le plus comique que par quelques degrés de coction digestionnaire." S'il en est ainsi, variez leur menu, flattez leur palais, offrez-leur de temps en temps autre chose que la sempiternelle bouillie commerciale et vous en ferez des chats complets.

Les perversions alimentaires

Pour les rejetons mammifères de quelque espèce que ce soit, bouche et langue sont les premiers instruments d'exploration. Le réflexe de succion est le premier et le dernier de tous, celui du nouveau-né et du vieillard. Chez les chats que nous avons soigneusement sélectionnés depuis soixante ans, selon certains critères discutables, le comportement de prise de nourriture peut se "pervertir" très facilement. Presque inconsciemment, leur sélection a toujours été opérée en fonction d'une certaine image complaisante: le facies rond du Persan, la fourrure douce de l'Himalayen, les cris d'enfant du Siamois, objectivent, sans doute aucun, la tentation des éleveurs de créer un produit félin qui soit un substitut infantile convenable. L'instinct de protection ou le sentiment maternel de chacun d'entre nous fait le reste.

D'autre part, si le chien adulte considère son maître comme un chef de meute, le chat, quant à lui, l'associerait plutôt à une présence maternelle. Il l'exprime par le ronron, qui est un signe d'une dépendance tardive envers l'homme, et souvent par une persistance anormalement longue de la phase orale. Il n'est pas rare d'assister au surprenant spectacle d'un chaton de sept mois têter aux mamelles de sa mère, parmi ses frères et soeurs nouveau-nés. Cette pratique ne semble pas déplaire à la nourrice, ni à l'adolescent qui y prend un plaisir infini. Mais quelquefois, sur un thème moins innocent, les anomalies du comportement prennent d'étonnantes directions.

Les mangeurs de laine

Manger de la laine fait partie du panthéon des vices alimentaires félins. Chacun connaît déjà cette étrange attirance sensuelle que manifestent les chats envers les vêtements de laine usagés et leur réaction extatique devant le parfum des aisselles de leur maître. Certains expriment béatement leur plaisir et s'endorment, ronronnant comme des popes, la truffe plantée dans une manche; moins naïfs, d'autres urinent sans vergogne à l'endroit de leur désir. Certains vont lécher et mastiquer avec délice le tricot du maître, le châle de la maîtresse et même, quelquefois, jusqu'au tapis... Les tapis persans sont particulièrement visés: la laine d'artisan n'est que très peu "désuintée" et l'odeur puissante des huiles du mouton qui l'imprègne font peut-être perdre la tête aux plus sages de nos matous. Les Siamois ont une inclination naturelle pour ce genre d'exercice qui n'amuse qu'eux et ne se traite que difficilement.

Des crocs faits pour happer, des griffes pour déchirer: l'équipement du parfait
prédateur.

Photo Brian Allen

La solution proposée par les zoopsychiâtres américains et qui consiste à remplacer la laine par des fibres synthétiques est aussi barbare que l'euthanasie. Quant à l'ablation des canines, elle n'est d'aucun secours puisque seules les dents carnassières (la quatrième prémolaire de l'arcade dentaire supérieure et la première molaire inférieure) sont utilisées pour trancher. Un tranquillisant pour l'animal donné sur une longue période, une réévaluation de sa diète et une bonne dose d'abnégation pour le propriétaire constituent peut-être la solution du moyen terme. En attendant mieux... Il semblerait cependant que l'emploi des progestagènes de synthèse soit la solution de l'avenir.

Le cannibalisme

Les chattes infanticides sont rares. Le plus fréquemment, il s'agit d'une déroute des instincts coordonnant la mise bas: après avoir avalé le placenta, en coupant le cordon ombilical, il arrive que la chatte poursuive l'opération en un monstrueux repas. Peut-être l'odeur du sang l'emporte-t-elle sur l'instinct maternel? Les chattes tuent sans prévenir les chatons albinos et toute créature qui ne correspond pas aux critères de la race: cette attitude, inscrite dans la mémoire génétique, élimine radicalement les inadaptés et garantit à l'espèce une belle constance dans la continuité.

La mère se nourrit-elle de sa portée pour pallier à d'éventuelles déficiences nutritives? Sans doute pas. L'instinct maternel, extrêmement puissant chez les félins ne permet pas d'envisager cette hypothèse. D'autant plus que la mère à chaque mise bas, absorbe autant de placentas que naissent de petits, ce qui devrait lui suffire amplement.

L'anorexie nerveuse

La grève de la faim est une forme de contestation que les chats utilisent encore plus fréquemment que les philosophes, et quelquefois, pour des riens: une admission (pour une autre raison) à l'hôpital des animaux, un déménagement (au Québec, l'anorexie nerveuse féline était une maladie du mois de mai), ou encore la présence d'un nouveau compagnon, qu'il soit chat ou bébé.

Toutes ces belles raisons peuvent créer un traumatisme psychologique. On cite dans les annales un Persan bleu constipé, atteint dans sa dignité de créature royale, qui a refusé toute nourriture pendant trois semaines après avoir dû subir contre son gré un lavement. Il existe une incontestable disposition naturelle de la race féline pour cette maladie psychogénique où le stress engendre un débalancement endocrinien amenant une inhibition appétitive.

Cette forme subtile de contestation sur le thème: "Je me fais mal pour que tu souffres", sorte de masochisme à l'envers, ne cesse pas d'intriguer les amis des chats qui voient là une caractéristique très "humaine" de leur protégé. N'allez cependant pas confondre le refus de manger de votre chat, lorsque vous changez son menu habituel, avec l'anorexie nerveuse. Cette dernière s'accompagne d'un changement psychologique (timidité soudaine, dépression et tristesse) et répond fréquemment au traitement médical à base de suppresseurs d'anxiété (anxiolytiques) et de vitamines B complexes.

Les thérapies comportementales (changement d'écuelle, malaxage de la pâtée à la main pour l'imprégner d'une odeur appétitive, introduction d'un nouveau venu à l'heure du repas, etc.) peuvent relancer l'appétit défaillant. Elles ont à leur actif de beaux succès. Mais avant de poser un brillant diagnostic d'anorexie nerveuse, assurez-vous auprès du médecin que l'organisme n'est pas en cause.

Pour ce qui est des déménagements, il existe un truc infaillible pour apaiser les anxiétés du minou casanier: enduisez de miel son museau et ses doigts... Sa toilette finie, il sera déjà habitué à sa nouvelle demeure et n'aura pas eu le temps de penser à la solution de l'anorexie nerveuse...

L'hospitalisation en est une autre cause très fréquente. Les chats, contrairement aux chiens, prennent ça très mal. L'éloignement de leur coussin et de leurs chères habitudes est une expérience traumatisante. Ne dit-on pas qu'ils sont plus attachés à leur écuelle qu'à leur maître? Aussi, vaut-il même mieux leur attribuer un endroit tranquille (les chats ne connaissent pas l'ennui) dans une cage, qu'ils ne quitteront que pour les soins. Un chat admis à l'hôpital doit être accompagné du proche le plus cher, son coussin, et soumis au même régime qu'à la maison... si le traitement le permet. Toute manipulation superflue doit être évitée: elles ne peuvent qu'aggraver la situation ou retarder la guérison.

Pour ce qui est des voyages, que notre compère ne confond jamais avec un déménagement, la situation est bien différente. Très curieusement, malgré leur aversion profonde pour tout changement imprévu dans leur existence, la plupart manifestent un plaisir immodéré pour les voyages. Sans doute leur rappellent-ils un lointain passé quand ils suivaient à la trace les invasions murines de part et d'autre de la Méditerranée. Sauf exception, un chat dans une voiture est un chat heureux! Jamais il ne songera à s'évader. Il s'adaptera fort bien à son nouvel environnement de vacancier, sans rechigner (dit-on) sur sa nouvelle nourriture...

La boulimie

La vue de ces créatures félines ventripotentes et rampant sur leurs mamelles est un spectacle peu réjouissant. Etre gras comme un moine n'est plus un signe de vertu aujourd'hui mais un signe d'abandon, des autres et de soi-même, même chez le chat. Le chat obèse est un infirme voué à une mort lente et horrible. Oedème, essoufflement, fatigue chronique et perte de sa "félinité" en face de ses congénères, voilà autant de disgrâces qui l'attendent au tournant de son vice.

La polyphagie ou la polydipsie psychique peuvent être créés par l'abandon ou le refus d'attentions du maître ou un transfert alimentaire de compensation (je le goinfre pour lui faire pardonner mon indifférence). Elle mène l'animal au cimetière des chats aussi sûrement que la maladie. Combattez ce fléau par un régime approprié (voir page *67*) et n'attendez pas que les Chinois soient là pour pratiquer l'autocritique.

La coprophagie

Voir son chat se repaître innocement de ses excréments (ou même de ceux des autres) avec une belle voracité, provoque souvent chez certains d'entre nous un étonnement écoeuré, chez d'autres, de véritables crises hystériques et chez tous, une aversion irréversible pour le délinquant qui manque aux lois les plus élémentaires de notre savoir-vivre.

Quelquefois heureusement, les minous coprophages peuvent espérer une attitude plus compréhensive. Les plus audacieux expliquent cette perversion du goût par l'ennui (la coprophagie devient alors pour le chat un défi excitant envers soi-même et sa famille humaine surprise) ou par de fâcheuses dispositions d'espèces (les Siamois sont souvent accusés) entretenues par la consanguinité. En fait, c'est toujours un appel au secours: une solide raclée vaut mieux que l'indifférence. D'autres explications incriminent le régime alimentaire pauvre en vitamines et en phosphore ou encore un mauvais fonctionnement du pancréas.

La coprophagie est une triste manie qui n'amène cependant pas de maladies, si ce n'est qu'elle facilite la transmission des vers intestinaux.

Que vous soyez partisan de la théorie comportementale ou de l'autre, supplémentez de toute façon les repas de votre répugnant protégé avec un sirop polyvitaminé et polyminéralisé (riche en phosphore). Un vermifuge, de la tendresse et de l'attention, ne peuvent pas faire de mal.

Consultez son médecin si vous notez:

- perte d'appétit
- diarrhée
- vomissements tenaces
- selles anormales.

Le chat et les maladies de la nutrition

"Nul ne voudrait mourir, nul ne voudrait renaître..."

Voltaire

Emotion et digestion

Médecins ordinaires et médecins vétérinaires connaissent la part de vérité qu'il y a dans la vieille maxime médicale: "Le ventre est l'endroit où résonnent les émotions". Les désordres émotionnels chez l'animal et son maître peuvent entraîner une foule de maladies où l'estomac et les intestins sont particulièrement visés. Le processus du choc émotionnel passant par le même chemin physiologique chez le chat que chez l'homme, les désordres se doivent d'être les mêmes. Le patient bipède manifeste paradoxalement beaucoup moins de résistance envers les agressions de la société qu'il a créée que le second qui y évolue, paradoxalement, comme un poisson dans l'eau! Mais ne cherchez pas toujours dans de vaines analyses conflictuelles l'origine des maux de ventre de votre protégé.

Les maladies psychosomatiques ne sont pas les seules responsables! Une foule d'agents pathogènes n'attendent que le moment propice pour une attaque en règle. Aussi, si vous reconnaissez immanquablement un des signes cardinaux de la maladie digestive (vomissements, perte d'appétit, constipation ou diarrhée, démangeaisons tenaces, perte ou gain anormal de poids) couplé à une triste allure générale, une soif immodérée ou des mictions niagaresques, consultez sans tarder et revoyez d'un oeil critique le menu du malade!

Attention cependant: la maigreur des races à poil long n'est pas évidente. Elle exige, pour être confirmée, une palpation soigneuse. Ne confondez pas non plus la maigreur constitutionnelle (donc normale) des races longilignes aux extrémités graciles comme l'Abyssin et le Siamois, avec une maigreur occasionnée par une condition pathologique. Pour vous éviter la lecture d'un fastidieux recueil des mille et un fléaux susceptibles de fondre sur votre protégé, le sujet sera traité sous forme de lexique. Parcourez-le, même si votre chat n'est pas alité... Vous prendrez ainsi conscience du bonheur que constitue une excellente santé.

L'allergie alimentaire

L'allergie est une rébellion de l'organisme contre une substance indésirable. Elle s'exprime de mille façons, toutes plus désagréables les unes que les autres (démangeaisons, perte de poils, diarrhée). Bien que les chats allergiques se comptent sur les doigts d'une main, il est bon de savoir que le lait de vache en est le principal responsable, suivi de près par la viande poêlée et la viande crue. Qui l'eut cru? Le lapin, la nourriture commerciale, le poulet sont aussi quelquefois mal compris...

En bon détective, on procède, pour identifier la substance coupable, au petit jeu de l'élimination. Le seul traitement sérieux de l'allergie alimentaire consiste à fuir comme la peste la substance allergène, même si elle procure à Minet des plaisirs incommensurables. Mieux vaut s'en tenir au menu qui convient et être prudent en ce qui concerne les tentatives gastronomiques exploratoires.

L'anémie

L'anémie est une diminution sensible du nombre de globules rouges du sang (de 6 à 12 millions par mm chez le chat en bonne santé). Ce sont eux qui, à l'aller, véhiculent l'oxygène et les éléments nutritifs à travers l'organisme, qu'ils débarrassent de ses déchets, au retour. C'est dire que l'anémie est toujours grave; la pâleur des muqueuses (gencives et paupières internes) de même que la faiblesse et la fatigue injustifiées sont des signes qui ne trompent pas. Restera au spécialiste à identifier l'affection coupable (hémorragie, parasites, leucémie féline, etc...) pour la combattre efficacement.

Diète-maison:

- *100 g de foie par jour*
- *céréales ou légumes habituels*
- *vitamines B_{12} avec du fer*
- *levure de bière (selon posologie)*

Diète thérapeutique: P/D (sur prescription médicale)
Consultation urgente du médecin si:

- *manque d'appétit*
- *faiblesse marquée*
- *vomissements ou diarrhée*
- *respiration difficile*
- *muqueuses très pâles ou jaunes.*

Les calculs

On ne sait trop d'où proviennent ces "cailloux" ou ces sables qui encombrent les reins, la vessie ou viennent bloquer le conduit urinaire (uretère). On incrimine tour à tour les virus, les bactéries, le sexe (le mâle est plus souvent "bloqué" que la femelle), la race ou l'alimentation commerciale sous forme de croquettes sèches. Un chat "bloqué" relève toujours de l'urgence médicale. Pour éviter le retour de ce problème, le chat suivra un régime alimentaire spécial.

Diète-maison:

Supprimez radicalement la nourriture sèche, riche en matières minérales. Salez plus que nécessaire son plat pour le faire uriner copieusement. Offrez-lui de l'eau fraîche à volonté, des vitamines B à foison et ce qu'il désire en matière d'aliments humides. Supprimez la litière contaminante. Remplacez-la par du papier journal.

Diète thérapeutique: C/D (humide) ou *Science Diet* (sèche) sur prescription médicale

Consultation urgente du médecin si:

- *difficultés ou gémissements en urinant*
- *oubli des bonnes manières*
- *stations interminables sur la litière*
- *vomissements ou refus de manger*
- *urine sanglante*

Les carences

Les carences alimentaires contredisent la croyance populaire à savoir que le chat a sept vies et qu'il est même quasi impossible de le tuer, s'il en a décidé autrement. Un régime pauvre y parviendra immanquablement, mais sur le mode *moderato cantabile:* une faiblesse constante qui va s'aggravant, un manque de joie de vivre et une altération insidieuse de sa beauté. Mille autres désordres frapperont aveuglément votre protégé, si son écuelle reste la même. Les carences l'exposent sans défense à l'engeance des parasites et des germes qui le conduiront à coup sûr au cimetière des chats.

De patientes recherches ont réussi à démasquer les vrais coupables: les vitamines et minéraux, distribués chichement ou trop abondamment, portent la plus grande part de responsabilités, comme le prouvent les tableaux suivants. Quant aux carences en protéines, graisses et sucres, si vous pratiquez la sacro-sainte règle des suppléments, elles ne devraient pas vous préoccuper.

Les besoins en vitamines du chat

Vitamines	Exigences nourriture sèche mg/100g	Les risques des carences	Les sources
A	3200-4000 unités internationales	Retard de croissance infertilité, cécité, poil rare et piqué, faiblesse des membres postérieurs.	Huile de foie de morue, foie jaune d'oeuf.
B 12	Synthèse intestinale	Carence inconnue	Viande, cervelle, lait.
C	Synthèse métabolique	Carence inconnue	Citron, orange.
Acide Folique	Synthèse intestinale	Perte de poids	Levure de bière, foie.
Biotine	0.2	Aucun renseignement disponible	Foie, rein, oeufs, levure de bière.
D	100-200 unités internat.	Rachitisme	Le soleil, l'huile de foie de morue, jaune d'oeuf, levures irradiées.
Choline	200	Perte de poids, maladies du foie, faiblesse, oedème	Jaune d'oeuf, foie, huile de soja.
E	.72-7.2	Stéatite (voir page *125*)	Huiles végétales, oeuf, foie, rate.
Inositol	20	Maladies du foie	Huiles, oeufs, viande.
K	Synthèse intestinale	Carence inconnue	Poisson, foie, soja.
Niacine	5.2-8.0	Maigreur, diarrhée, halitose, ulcères des gencives	Foie, poulet, grain entier.
B6 Pyridoxine	.4-.6	Maigreur, anémie, arrêt de croissance, convulsions, calculs rénaux	Viande, jaune d'oeuf foie, grain entier.
Acide pantothénique	.5-2.0	Perte de poids, maladie de foie, digestion mauvaise.	Viscères, grain entier.
Riboflavine	.4	Perte d'appétit. Chute des poils sur la tête, cataracte possible	Lait, foie, rein.
B1 Thiamine	.8	Vomissement, perte de poids, déshydratation, paralysie, convulsions, maladie du coeur.	Levure de bière, céréales

Les besoins en minéraux du chat

Les minéraux	Exigences (mg/100g) nourriture sèche	Les risques des carences	Les sources
Calcium (Ca)	400-800	Déficience très fréquente lors d'un régime tout-viande. *Signes:* paralysie, fractures spontanées, anorexie, déshydratation, constipation, déformation osseuse.	Viande et os, poisson, sels de calcium (poudre d'os)
Phosphore (P)	400-800	Carence assez rare. Une diète trop riche en phosphore pourrait amener la formation de calculs de phosphate.	Oeufs, viande, poulet, poisson, céréales, sels de phosphore.
Sodium (Na)	40-60	La plupart des diètes (conserves ou repas-maison) en contiennent suffisamment. Une cuillerée à thé supplémentaire est nécessaire pour le chat susceptible de faire de mauvais calculs.	Sel de table, poissons.
Potassium (K)	16-20	Perte importante lors de diarrhée. A compenser.	Sels de potassium, céréales, viande et tissus conjonctifs.
Magnésium (Mg)		Un excès, couplé à un autre (en phosphore) favorisent la formation de calculs urinaires.	Sels de magnésium, os.
Fer (F)	10	Les chats, contrairement aux chiens, peuvent utiliser à loisir le fer et le cuivre contenus dans la viande. Les	Sels de fer, foie.
Cuivre (Cu)	.04	chatons à la mamelle manifestent quelquefois une anémie ferriprive.	Sels de cuivre.
Iode (I)	.02-.04	Une carence en iode amène un hypothyroïdisme: arrêt de croissance, faiblesse, etc...	Sel de table iodé.
Manganèse (Mn)	.4	Nutriments essentiels à la bonne marche du minou.	Sous forme de traces dans les repas traditionnels ou modernes (conserves)
Zinc (Z)	.5		
Colbalt (Co)	.32		

Faire le "beau" n'est pas l'apanage exclusif du chien...

Photo Brian Allen

Photo Attila Dory
Eleveur: Mrs. S. Weston

Les besoins en énergie

Pour évaluer les besoins (donc les carences) en énergie (on l'exprime en calories) de toutes les préparations commerciales (humides, semi-humides ou sèche), il suffit de se souvenir des tables de multiplication de la petite école et de pratiquer deux opérations. La première consiste à lire le tableau suivant qui vous donne immédiatement une réponse aux besoins quotidiens de votre chat (en calories).

Les besoins quotidiens en calories du chat

Age (semaines)	Poids moyen (grammes)	Exigence quotidienne (calories/kg)	Besoins totaux quotidiens (calories
Naissance - 1	100	450	45
1-5	450	275	125
5-10	900	220	200
10-20	2000	145	290
20-30	3000	110	330
Mâle adulte	4500	90 (été)	405
		100 (hiver)	450
Chatte gestante	3400	110	375
Chatte en lactation	2500	275	690
Chat castré			
• mâle	4000	70	280
• Femelle	2500	70	175

Passez à la deuxième étape. L'analyse "garantie" de sa conserve favorite avoue par exemple: 9% de protéines, 2% de graisses, 11% de sucres. N'allez pas plus loin, les pourcentages en eau, fibre et cendre sont inutiles ici. Multipliez par quatre le chiffre des protéines et des sucres (un gramme métabolisé donne quatre calories) et par neuf ceux des graisses (un gramme donne neuf calories). Le résultat total donne la quantité de calories contenues dans cent grammes de nourriture. A vous de choisir!

Il ne faut pas confondre la forme longiligne des Siamois et la maigreur pathologique.

Photo Brian Allen

La constipation

Ne désespérez pas si votre chat ne rend visite à sa litière que tous les deux ou trois jours: les félins sont d'un naturel constipé. Par contre, s'il s'y éternise sans succès depuis plusieurs jours et que tous ses héroïques efforts sont vains, intervenez sans tarder. Peut-être suffit-il d'éliminer de la bonne manière une boule de poils (le trichobezoar) que le chat absorbe à son corps défendant durant sa toilette et qui bloque le conduit intestinal. Un bon lavement, couplé à un laxatif doux, régleront ce problème, tandis qu'une cuillerée à thé d'huile minérale donnée de temps à autre et un toilettage quotidien pour ôter les poils morts le préviendront efficacement. Revoyez toujours l'alimentation et la qualité gustative de l'eau de votre protégé d'un oeil critique.

Consultation urgente du médecin si:

- *donner un lavement semble au-dessus de vos forces*
- *la constipation persiste*
- *la défécation est très douloureuse*
- *les fèces sont sanglantes*
- *votre chat est anormalement dépressif*

La plaque dentaire calcifiée (tartre)

Surveillez régulièrement l'état des dents (propreté, décalcification, abcès). Brosser les dents d'un chat une fois par semaine avec "sa" brosse et "son" dentifrice, comme on peut le lire quelquefois, est une tentative suicidaire, à moins qu'il ne soit mort...

Le tartre est de couleur jaune, grisâtre ou noire. Si son dépôt est important, un détartrage, pratiqué sous anesthésie brève, épargnera une gingivite et la chute prématurée de la denture. Le manque d'appétit d'un minou ne tient quelquefois qu'à une bonne hygiène dentaire. Une visite annuelle chez son dentiste est stratégique. D'autant plus qu'elle prévient la mauvaise haleine (halitose) qui rend intolérables les conversations rapprochées...

Le diabète sucré

Il se traduit par une voracité sans effet (le chat diabétique mange comme un ogre et reste maigre comme un chat), l'émission abondante d'urine, une soif que rien n'assouvit. L'urine qui normalement ne contient pas de sucre, en recèle une quantité alors importante. Diarrhée, vomissements, plaies cutanées, et cataractes même, complètent ce triste tableau clinique.

Le chat obèse et le vieillard sont particulièrement sensibles à cette paresse du pancréas qui ne sécrète plus l'insuline, l'hormone régulatrice du bon usage des sucres. Le chat diabétique doit demeurer sous contrôle médical sa vie durant et doit vivre dans un milieu "protégé". C'est à vous que reviendra le soin d'injecter régulièrement sa dose d'insuline pour le maintenir en vie si le régime ne parvient pas à faire disparaître la glycosurie (sucre dans les urines)

Diète maison:

* supprimer le sucre des repas du minou.
* les menus seront riches en protéines de bonne qualité et assez riches en graisses.
* un supplément polyvitaminé sera donné quotidiennement à dose double de la ration normale.

Consultation urgente du médecin:

* si votre chat est pris de tremblements (à la suite d'un exercise ou de vomissements)
* s'il manque d'appétit

- *en cas de diarrhée, vomissements, respiration difficile ou faiblesse anormale.*
- *si vous ne parvenez pas à injecter l'insuline.*

La diarrhée

Sous forme "compacte" la défécation couple deux réalités: celle d'une purge intestinale et celle de la réponse à un choc émotionnel: l'examen du vétérinaire, par exemple, où l'animal en profite pour vider sans préavis ses glandes anales et son intestin. Cette réaction, très désagréable pour l'entourage immédiat, est inscrite dans la mémoire de l'espèce féline: en face du danger, une règle d'or: on évacue pour être plus léger à la course ou au combat et on libère le généreux parfum des glandes pour décliner son identité et peut-être dissuader l'agresseur.

Excepté ces manifestations d'excrétion très normales, une diarrhée tenace est un éloquent signal d'alarme d'une infection quelconque. En déterminer la cause exacte relève de l'art vétérinaire (il peut s'agir de la redoutable panleucopénie féline si le malade est très jeune).

Diète maison:

- *supprimer toute nourriture pendant 24 heures.*
- *le premier repas tant attendu après ce carême, consistera en viande fraîche, en riz et en eau durant cinq jours.*

Diète thérapeutique: *I/D*, sur prescription médicale.

Elle convient parfaitement aux diarrhéiques. Evitez de toute façon le foie dont les vertus laxatives naturelles empireraient la situation. Les vitamines B complexes (levure de bière) sont fortement recommandées jusqu'à la guérison.

C'est en léchant sa fourrure enduite d'insecticide chloré que le chat s'empoisonne le plus souvent.

Photo Brian Allen

Les empoisonnements

Saigner à mort un rat affaibli par les pesticides ne fait qu'accélérer le processus de la sélection, mais le croquer à la naturelle signifie à coup sûr la mort pour le minou affamé et imprudent. Ce qui tue les rats tue les chats, dit le proverbe. Et chaque année, la population féline paie un lourd tribut aux produits chimiques, autant raticides que chaticides.

Quand vous soupçonnez un empoisonnement, intervenez dans les minutes qui suivent; donnez un vomitif maison: une cuillerée à table d'une solution d'eau tiède salée derrière la langue. Avant de galoper chez le vétérinaire le plus proche, lavez, s'il y a lieu la fourrure de l'animal enduite de produit chimique et ne négligez pas d'apporter un cadeau au médecin des bêtes: un échantillon du vomitus. Ne tentez pas de faire vomir un chat inconscient, en convulsions, ou qui a absorbé de l'essence, du pétrole, des acides, des alcalis ou des solvants: l'aller a déjà créé des dommages qui s'aggraveraient avec un retour.

Les acides sont neutralisés avec du lait naturel ou du lait de magnésie. Pour des alcalis, il faut inverser la nature de l'antidote: du jus de citron ou du vinaigre font l'affaire. Dans les deux cas, la première précaution à prendre est de les diluer avec de l'eau.

Pesticides

Arsenic

Sources: raticides, médicaments arsenicaux.

Symptômes: vomissements, diarrhée sanglante, difficultés respiratoires, salivation, haleine "ailée".

Evolution: coma et mort.

Traitement: vomitif, consultation urgente.

Strychnine

Sources: raticides.

Symptômes: crises, convulsions, raideur.

Evolution: mort en deux heures.

Traitement: vomitif, consultation urgente.

Coumarine

Sources: raticides.

Symptômes: saignement de nez, vomissement et diarrhée sanglante, extrémités froides.

Evolution: coma et mort.

Traitement: consultation urgente. Manipulation délicate pour éviter les hémorragies.

Insecticides

La gent féline est particulièrement sensible aux insecticides chlorés. Evitez tous les produits anti-puces contenant du lindane.

Symptômes: convulsions, salivation intense, tremblements.

Evolution: mort.

Traitement: laver soigneusement le poil du malade, urgence vétérinaire.

Il existe une préparation-maison d'un contrepoison universel qui a fait ses preuves et qui vous soulagera la conscience, si ce n'est l'estomac du minou:

Recette de l'antidote universel:

charbon animal pulvérisé: 2 parties

lait de magnésie: 1 partie

thé infusé: 1 partie

Mélangez les parties en un tout, administrez par la bouche l'équivalent d'un demi-verre. La consultation est requise cependant. Tout rescapé d'un empoisonnement est fragile. Une excellente alimentation et du repos sont plus que nécessaires. Essayez vos talents culinaires en lui servant les menus maison donnés précédemment, ou encore, ouvrez une boîte:

Diète thérapeutique: P/D sur prescription médicale.

Consultation du médecin:

- *si l'animal vomit ou est diarrhéique;*
- *s'il reste prosté, manque d'appétit ou semble souffrant et montre des fèces ensanglantées.*

La fièvre

Toute élévation de température s'accompagne de fatigue, de prostration et d'une soif inextinguible. La truffe, contrairement à ce qu'on pense, n'est pas un excellent baromètre de la santé; seule la température rectale demeure une indication valable. Méfiez-vous des chats émotifs dont la température grimpe durant cet exercice de un ou deux degrés Celsius.

Pour chaque degré de température supérieur à 102 F (le Fahrenheit est plus commode ici), ajoutez au menu du jour deux cuillerées à soupe d'huile de maïs ou, à votre choix, une tranche de bacon, pour compenser les pertes d'énergie. La fuite urinaire des protéines est facilement compensée par un léger supplément en viande fraîche.

Le patient fiévreux et qui refuse toute nourriture doit être alimenté de force, (avec la délicatesse voulue cependant) à la sonde stomacale ou à l'intraveineuse, après trois jours de grève pour réveiller l'appétit. Auparavant, essayez la technique avec les aliments pour bébés de la page *46*

Diète thérapeutique: P/D sur prescription médicale.

Le rachitisme

Des pattes arquées en fauteuil Louis XV, une colonne vertébrale en montagnes russes, une queue "nouée", voilà le sort réservé aux chatons rachitiques. Leurs articulations sont souvent épaisses, toujours douloureuses et ils répugnent à se déplacer... Rien à voir avec de la timidité, puisqu'un traitement précoce à base de sels phosphocalciques et de vitamines D peut régler le problème.

Diète maison:

- *supplémenter dès les débuts du sevrage l'alimentation des chatons avec une bonne poudre d'os naturel (pour le calcium et le phosphore).*
- *une demi-cuillerée à soupe d'huile de foie de morue (pour la vitamine D) toutes les semaines.*
- *la vie au grand air et au soleil préviendront la maladie ou activeront la convalescence.*
- *Dans tous les cas, supprimez la levure de bière dont les principes interfèrent avec ceux-là.*

Consultation recommandée:

- *si l'état du chaton empire*
- *en cas de boiterie*

La stéatite féline

C'est l'apanage des chats de princes ou de poissonniers, nourris exclusivement de thon rouge. Ils connaissent les affres douloureuses d'une inflammation générale des tissus adipeux. Car le thon rouge a le triste privilège d'épuiser les réserves en vitamines E, garantes de la bonne conservation des masses graisseuses. La vitamine E est ajoutée aujourd'hui dans les conserves à base de poisson. Quant aux chats au régime tout thon, ils se comptent heureusement sur les doigts de la main. Le remède à la stéatite consiste,

Héléne racicot

bien sûr, en l'administration de vitamines E, très abondantes dans l'huile de germe de blé.

Les ulcères d'estomac

Contrairement au singe, au cochon, au rat et à l'homme, quatre espèces animales très susceptibles aux ulcères d'estomac d'origine psychosomatique (c'est-à-dire causés par les tracas et les mille soucis de l'existence), le chat n'est que très rarement atteint par cette maladie de civilisation, où l'estomac s'autodigère avec férocité. Naturellement, pour éviter les comparaisons fâcheuses, on parlera benoîtement "de maladies de l'élevage concentrationnaire" pour ce qui est du singe, du cochon ou du rat.

Quelques anxieux cependant, parmi la race féline, ne résistent pas longtemps au stress d'une "chère" séparation (le coussin, l'écuelle habituelle et quelquefois le maître), ni, dit-on, à une castration. Ils développent derechef une insidieuse ulcération stomacale avec vomissements sanglants, douleurs au ventre et diarrhée noirâtre. Pris à temps, les traitements médicaux ou chirurgicaux sont efficaces.

Pour les attardés qui pensent encore que les animaux nous sont physiologiquement, psychologiquement (et moralement, oserais-je dire) inférieurs, qu'ils sachent que les jeunes rats séparés indûment de leur mère, manifestent une tendance statistiquement révélatrice à l'ulcère d'estomac. Ce trouble objective du même coup l'influence capitale du stress sur le fonctionnement harmonieux de la machine biologique.

Pour guérir, le malade ingurgitera, de gré ou de force, une poudre protectrice de la muqueuse stomacale (kaolin ou bismuth) et des vitamines (A,C,E). Très souvent, l'hospitalisation sera indispensable. Mais plutôt que de traiter l'effet, mieux vaut soigner la cause: déterminer le conflit situationnel et le résoudre comme faire se peut. Dans le cas de la castration cependant, rien n'est à espérer du côté des greffes...

Consultation urgente du médecin si:

- *le patient continue de vomir malgré le traitement médical*
- *le vomitus est sanglant*
- *la médication est vomie*
- *le chat est prostré et souffrant*
- *l'expiration est douloureuse.*

Les vers intestinaux

Contre son gré (et le vôtre), votre compagnon peut héberger dans son système digestif une clique de parasites de tout horizon: les vers ronds (ascaris), les vers plats (ténias), les vers à crochet (an-

La plupart des chatons sont infestés de parasites intestinaux.

Photo Brian Allen

cylostomes), les vers à fouet (trichuris) et autres coccidies insidieuses. Tout ce beau monde mène une vie douillette, logé aux frais de la princesse et nourri à toute heure du jour et de la nuit.

La plupart de ces parasites (trichuris et ancylostomes exceptés) ne s'accompagnent pas de symptômes marqués, si ce n'est celui d'un appétit exagéré. Ces vers intestinaux sont donc des hôtes discrets qui ne désirent absolument pas attirer l'attention sur leur petite personne nourrie comme un coq en pâte. Mais le vétérinaire les démasquera immanquablement à partir d'une observation microscopique d'un échantillon des selles. Pour la bonne et simple raison qu'il est insensé de coopérer avec l'engeance des parasites intestinaux en supportant passivement leur présence et que vous pouvez vous-même vous infester, mieux vaut connaître le principe d'action des vermifuges.

Une règle générale: pour supprimer chacune des variétés de vers, il faut utiliser le vermifuge adéquat. La dose est toujours donnée en fonction du poids exact de l'animal. A titre préventif, prélevez un échantillon de selle du chat deux fois par an pour l'examen coprologique.

La bonne méthode pour donner un vermifuge par voie buccale:

- *faire jeûner l'animal durant 12 heures ou selon les instru ctions*
- *donner la dose exacte du vermifuge spécifique*
- *nourrir quatre heures après*
- *répéter le traitement 15 jours plus tard*

D'autres petits principes d'hygiène élémentaire préviennent la réinfection du chat, toujours possible:

- Surveillez attentivement la toison féline: les vers plats se transmettent par les puces que le chat avale lorsqu'elles le dérangent, sans autre forme de procès.

- Une bonne alimentation, saine et équilibrée, supprime la tentation de dévorer les rongeurs, donc de s'infecter, et hausse la résistance naturelle aux parasites.

Aussi indépendant qu'il puisse paraître, votre chat a besoin de vous

Photo Brian Allen

- Etalons et reproductrices doivent être vermifugés avant l'accouplement, ainsi que les chatons dès leur quatrième semaine.
- Le chat d'élevage doit être isolé de ses compagnons (ainsi que de tout nouveau venu), durant tout le traitement avant d'obtenir le feu vert du vétérinaire.

La toxoplasmose

Cette infection parasitaire a fait dernièrement couler beaucoup d'encre. On l'accuse, et peut-être pas à la légère, d'affections diverses chez le chat et ses hôtes. Les plus dramatiques concernent des possibilités d'avortement spontané chez la femme ou des maladies congénitales chez le petit maître. En attendant des accusations définitives, mieux vaut prévenir que guérir et se plier à cette discipline durant les neuf mois:

- Toute grossesse exclut l'adoption d'un nouveau chat.
- Quant au compagnon d'avant la bonne nouvelle, il sera soumis impérativement aux repas maison ou à la conserve.
- Sa viande sera toujours bien cuite.
- La chasse (où il peut s'infecter) ne sera plus qu'un souvenir durant ces neuf mois, quitte à l'emprisonner.
- D'autre part, la litière souillée (contenant possiblement des formes infectieuses) devient une corvée obligatoirement masculine.
- Le bac est nettoyé chaque jour que Dieu fait, à grande eau, et rincé avec une solution ammoniaquée (le toxoplasme ne résiste pas à l'ammoniaque).
- Toute caresse et tout contact prolongés avec les autres chats deviennent superflus.
- Détruisez, autant que faire se peut, mouches et autres insectes domestiques, vecteurs possibles.
- Toute manipulation de la litière d'un chat par une femme enceinte, ne se fera qu'en dernier recours, avec des précautions

particulières (gants de plastique et lavage des mains après l'opération).

Les vomissements

N'allez pas confondre le vomissement volontaire de votre chat pour se libérer l'estomac (de plumes, d'herbes, de poils), qui n'a rien d'alarmant, avec les vomissements à répétition, symptômes qui doivent vous conduire chez son médecin.

La couleur des matières vomies lui fournit une précieuse indication: le vomi jaune est le signe d'une maladie du foie ou de l'appareil biliaire. Clair et mousseux, il peut n'être que l'expression d'une simple nausée devant une odeur d'éther par exemple, ou signaler la présence d'un corps étranger bloqué dans la partie haute du système digestif. Le sang indique une lésion à l'estomac. L'odeur excrémentielle dans le vomissement révèle un problème intestinal grave (occlusion). De toute façon, ne tergiversez pas: seule la consultation infirmera ou confirmera vos craintes.

Les bonnes adresses

Les bonnes adresses

CANADA

— Canadian Cat Association
  276 Debrex Boulevard, Georgetown, Ontario.

QUÉBEC

— Club félin du Québec Métropolitain
  874 Place Champlain, Charny, P.Q.

— Expo City Cat Club
  6 Bar-le-Duc, Lorraine, Québec.

— Montreal Cat Fanciers Association
  4471 Wilson, Montréal.

— Société féline de Montréal
  320 rue Gardenville, Longueuil.

— Société protectrice des animaux (S.P.C.A.)
  5215, Jean Talon Ouest, Montréal Tél: 735-2711

— The Cat Club of Montreal
  4371, Harvard Ave. Montréal.

— The Lakeshore Cat Club
  180, 63e avenue, Ste Thérèse Ouest.

ÉTATS-UNIS

— American Cat Association
  16318 Lakewood Blvd., Bellflower, Ca.90706.

— American Cat Fanciers Association
  P.O. Box 203, Point Lookout, Mo.65726.

— Cat Fanciers' Association
  P.O. Box 430, Red Bank, N.J. 07701

— Cat Fanciers' Federation
  2013 Elisabeth St., Schenectady, N.Y. 12303.
— Crown Cat Fanciers Federation
  P.O. Box 267, Dewey, Ok. 74029.
— Independent Cat Federation
  275 Washington St., Cambridge, Ma. 02136
— National Cat Fanciers Association Inc.
  8219 Rosemont, Detroit, Mi. 48228.
— United Cat Federation
  6616 E. Hereford Dr., Los Angeles, Ca. 90022.

FRANCE

— Cat club de Paris
  247 rue de Vaugirard, 75015 Paris.

— Fédération féline française
  247 rue de Vaugirard, 75015 Paris.

GRANDE BRETAGNE

— Governing Council of The Cat Fancy
  Petworth Rd., Witley, Nr Goralming,
  Surrey, GU85QW, England.

REVUES SPÉCIALISÉES

— *Cats Magazine*
  P.O. Box 83048, Lincoln, Nevada 68501
— *Cat Fancy*
  11558 Sorrento Valley Rd., San Diego
  Californie 92121

- *La vie féline*
  Cat Club de Paris, 247 rue de Vaugirard
  Paris 75015, France.
- *Chats Canada Cats*
  320 Gardenville, Longueuil, P.Q. J4H 2J1

Table des matières

Photo Brian Allen

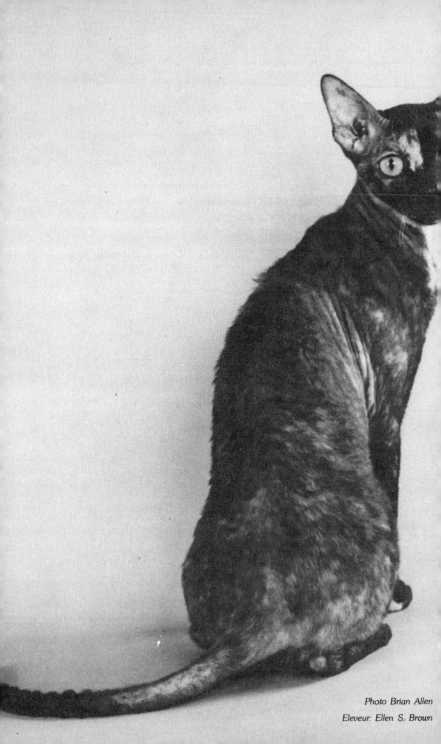

Achevé d'imprimer sur les presses de
L'IMPRIMERIE ELECTRA *
pour
LES EDITIONS DE L'HOMME LTÉE

* Division du groupe Sogides Ltée

Ouvrages parus
chez les Éditeurs du groupe Sogides

Ouvrages parus aux
ÉDITIONS
DE L'HOMME

ART CULINAIRE

Art d'apprêter les restes (L'),
S. Lapointe, 4.00
Art de la table (L'), M. du Coffre, $5.00
Art de vivre en bonne santé (L'),
Dr W. Leblond, 3.00
Boite à lunch (La), L. Lagacé, 4.00
101 omelettes, M. Claude, 3.00
Cocktails de Jacques Normand (Les),
J. Normand, 4.00
Congélation (La), S. Lapointe, 4.00
Conserves (Les), Soeur Berthe, 5.00
Cuisine chinoise (La), L. Gervais, 4.00
Cuisine de maman Lapointe (La),
S. Lapointe, 3.00
Cuisine de Pol Martin (La), Pol Martin, 4.00
Cuisine des 4 saisons (La),
Mme Hélène Durand-LaRoche, 4.00
Cuisine en plein air, H. Doucet, 3.00
Cuisine française pour Canadiens,
R. Montigny, 4.00
Cuisine italienne (La), Di Tomasso, 3.00
Diététique dans la vie quotidienne,
L. Lagacé, 4.00
En cuisinant de 5 à 6, J. Huot, 3.00
Fondues et flambées de maman Lapointe,
S. Lapointe, 4.00
Fruits (Les), J. Goode, 5.00

Grande Cuisine au Pernod (La),
S. Lapointe, 3.00
Hors-d'oeuvre, salades et buffets froids,
L. Dubois, 3.00
Légumes (Les), J. Goode, 5.00
Madame reçoit, H.D. LaRoche, 4.00
Mangez bien et rajeunissez, R. Barbeau, 3.00
Poissons et fruits de mer,
Soeur Berthe, 4.00
Recettes à la bière des grandes cuisines
Molson, M.L. Beaulieu, 4.00
Recettes au "blender", J. Huot, 4.00
Recettes de gibier, S. Lapointe, 4.00
Recettes de Juliette (Les), J. Huot, 4.00
Recettes de maman Lapointe,
S. Lapointe, 3.00
Régimes pour maigrir, M.J. Beaudoin, 4.00
Tous les secrets de l'alimentation,
M.J. Beaudoin, 2.50
Vin (Le), P. Petel, 3.00
Vins, cocktails et spiritueux,
G. Cloutier, 3.00
Vos vedettes et leurs recettes,
G. Dufour et G. Poirier, 3.00
Y'a du soleil dans votre assiette,
Georget-Berval-Gignac, 3.00

DOCUMENTS, BIOGRAPHIE

Architecture traditionnelle au Québec (L'),
Y. Laframboise, 10.00
Art traditionnel au Québec (L'),
Lessard et Marquis, 10.00
**Artisanat québécois 1. Les bois et les
textiles,** C. Simard, 12.00

Artisanat québécois 2. Les arts du feu,
C. Simard, 12.00
Acadiens (Les), E. Leblanc, 2.00
Bien-pensants (Les), P. Berton, 2.50
Ce combat qui n'en finit plus,
A. Stanké,-J.L. Morgan, 3.00

Charlebois, qui es-tu?, B. L'Herbier, 3.00

Comité (Le), M. et P. Thyraud de Vosjoli, 8.00

Des hommes qui bâtissent le Québec, collaboration, 3.00

Drogues, J. Durocher, 3.00

Epaves du Saint-Laurent (Les), J. Lafrance, 3.00

Ermite (L'), L. Rampa, 4.00

Fabuleux Onassis (Le), C. Cafarakis, 4.00

Félix Leclerc, J.P. Sylvain, 2.50

Filière canadienne (La), J.-P. Charbonneau, 12.95

Francois Mauriac, F. Seguin, 1.00

Greffes du coeur (Les), collaboration, 2.00

Han Suyin, F. Seguin, 1.00

Hippies (Les), Time-coll., 3.00

Imprévisible M. Houde (L'), C. Renaud, 2.00

Insolences du Frère Untel, F. Untel, 2.00

J'aime encore mieux le jus de betteraves, A. Stanké, 2.50

Jean Rostand, F. Seguin, 1.00

Juliette Béliveau, D. Martineau, 3.00

Lamia, P.T. de Vosjoli, 5.00

Louis Aragon, F. Seguin, 1.00

Magadan, M. Solomon, 7.00

Maison traditionnelle au Québec (La), M. Lessard, G. Vilandré, 10.00

Maîtresse (La), James et Kedgley, 4.00

Mammifères de mon pays, Duchesnay-Dumais, 3.00

Masques et visages du spiritualisme contemporain, J. Evola, 5.00

Michel Simon, F. Seguin, 1.00

Michèle Richard raconte Michèle Richard, M. Richard, 2.50

Mon calvaire roumain, M. Solomon, 8.00

Mozart, raconté en 50 chefs-d'oeuvre, P. Roussel, 5.00

Nationalisation de l'électricité (La), P. Sauriol, 1.00

Napoléon vu par Guillemin, H. Guillemin, 2.50

Objets familiers de nos ancêtres, L. Vermette, N. Genêt, L. Décarie-Audet, 6.00

On veut savoir, (4 t.), L. Trépanier, 1.00 ch.

Option Québec, R. Lévesque, 2.00

Pour entretenir la flamme, L. Rampa, 4.00

Pour une radio civilisée, G. Proulx, 2.00

Prague, l'été des tanks, collaboration, 3.00

Premiers sur la lune, Armstrong-Aldrin-Collins, 6.00

Prisonniers à l'Oflag 79, P. Vallée, 1.00

Prostitution à Montréal (La), T. Limoges, 1.50

Provencher, le dernier des coureurs des bois, P. Provencher, 6.00

Québec 1800, W.H. Bartlett, 15.00

Rage des goof-balls (La), A. Stanké, M.J. Beaudoin, 1.00

Rescapée de l'enfer nazi, R. Charrier, 1.50

Révolte contre le monde moderne, J. Evola, 6.00

Riopelle, G. Robert, 3.50

Struma (Le), M. Solomon, 7.00

Terrorisme québécois (Le), Dr G. Morf, 3.00

Ti-blanc, mouton noir, R. Laplante, 2.00

Treizième chandelle (La), L. Rampa, 4.00

Trois vies de Pearson (Les), Poliquin-Beal, 3.00

Trudeau, le paradoxe, A. Westell, 5.00

Un peuple oui, une peuplade jamais! J. Lévesque, 3.00

Un Yankee au Canada, A. Thério, 1.00

Une culture appelée québécoise, G. Turi, 2.00

Vizzini, S. Vizzini, 5.00

Vrai visage de Duplessis (Le), P. Laporte, 2.00

ENCYCLOPEDIES

Encyclopédie de la maison québécoise, Lessard et Marquis, 8.00

Encyclopédie des antiquités du Québec, Lessard et Marquis, 7.00

Encyclopédie des oiseaux du Québec, W. Earl Godfrey, 8.00

Encyclopédie du jardinier horticulteur, W.H. Perron, 8.00

Encyclopédie du Québec, Vol. I et Vol. II, L. Landry, 6.00 ch.

ESTHETIQUE ET VIE MODERNE

Cellulite (La), Dr G.J. Léonard, **4.00**
Chirurgie plastique et esthétique (La),
   Dr A. Genest, **2.00**
Embellissez votre corps, J. Ghedin, **2.00**
Embellissez votre visage, J. Ghedin, **1.50**
Etiquette du mariage, Fortin-Jacques,
   Farley, **4.00**
Exercices pour rester jeune, T. Sekely, **3.00**
Exercices pour toi et moi,
   J. Dussault-Corbeil, **5.00**
Face-lifting par l'exercice (Le),
   S.M. Rungé, **4.00**
Femme après 30 ans (La), N. Germain, **3.00**

Femme émancipée (La), N. Germain et
   L. Desjardins, **2.00**
Leçons de beauté, E. Serei, **2.50**
Médecine esthétique (La),
   Dr G. Lanctôt, **5.00**
Savoir se maquiller, J. Ghedin, **1.50**
Savoir-vivre, N. Germain, **2.50**
Savoir-vivre d'aujourd'hui (Le),
   M.F. Jacques, **3.00**
Sein (Le), collaboration, **2.50**
Soignez votre personnalité, messieurs,
   E. Serei, **2.00**
Vos cheveux, J. Ghedin, **2.50**
Vos dents, Archambault-Déom, **2.00**

LINGUISTIQUE

Améliorez votre français, J. Laurin, **4.00**
Anglais par la méthode choc (L'),
   J.L. Morgan, **3.00**
Corrigeons nos anglicismes, J. Laurin, **4.00**
Dictionnaire en 5 langues, L. Stanké, **2.00**

Petit dictionnaire du joual au français,
   A. Turenne, **3.00**
Savoir parler, R.S. Catta, **2.00**
Verbes (Les), J. Laurin, **4.00**

LITTERATURE

Amour, police et morgue, J.M. Laporte, **1.00**
Bigaouette, R. Lévesque, **2.00**
Bousille et les justes, G. Gélinas, **3.00**
Berger (Les), M. Cabay-Marin, Ed. TM, **5.00**
Candy, Southern & Hoffenberg, **3.00**
Cent pas dans ma tête (Les), P. Dudan, **2.50**
Commettants de Caridad (Les),
   Y. Thériault, **2.00**
Des bois, des champs, des bêtes,
   J.C. Harvey, **2.00**
Ecrits de la Taverne Royal, collaboration, **1.00**
Exodus U.K., R. Rohmer, **8.00**
Exxoneration, R. Rohmer, **7.00**
Homme qui va (L'), J.C. Harvey, **2.00**
J'parle tout seul quand j'en narrache,
   E. Coderre, **3.00**
Malheur a pas des bons yeux (Le),
   R. Lévesque, **2.00**
Marche ou crève Carignan, R. Hollier, **2.00**
Mauvais bergers (Les), A.E. Caron, **1.00**

Mes anges sont des diables,
   J. de Roussan, **1.00**
Mon 29e meurtre, Joey, **8.00**
Montréalités, A. Stanké, **1.50**
Mort attendra (La), A. Malavoy, **1.00**
Mort d'eau (La), Y. Thériault, **2.00**
Ni queue, ni tête, M.C. Brault, **1.00**
Pays voilés, existences, M.C. Blais, **1.50**
Pomme de pin, L.P. Dlamini, **2.00**
Printemps qui pleure (Le), A. Thério, **1.00**
Propos du timide (Les), A. Brie, **1.00**
Séjour à Moscou, Y. Thériault, **2.00**
Tit-Coq, G. Gélinas, **4.00**
Toges, bistouris, matraques et soutanes,
   collaboration, **1.00**
Ultimatum, R. Rohmer, **6.00**
Un simple soldat, M. Dubé, **4.00**
Valérie, Y. Thériault, **2.00**
Vertige du dégoût (Le), E.P. Morin, **1.00**

LIVRES PRATIQUES – LOISIRS

Aérobix, Dr P. Gravel, **3.00**
Alimentation pour futures mamans,
   T. Sekely et R. Gougeon, **4.00**

Améliorons notre bridge, C. Durand, **6.00**
Apprenez la photographie avec Antoine
   Desilets, A. Desilets, **5.00**

Arbres, les arbustes, les haies (Les),
  P. Pouliot, 7.00
Armes de chasse (Les), Y. Jarrettie, 3.00
Astrologie et l'amour (L'), T. King, 6.00
Bougies (Les), W. Schutz, 4.00
Bricolage (Le), J.M. Doré, 4.00
Bricolage au féminin (Le), J.-M. Doré, 3.00
Bridge (Le), V. Beaulieu, 4.00
Camping et caravaning, J. Vic et
  R. Savoie, 2.50
Caractères par l'interprétation des visages,
  (Les), L. Stanké, 4.00
Ciné-guide, A. Lafrance, 3.95
Chaînes stéréophoniques (Les),
  G. Poirier, 6.00
Cinquante et une chansons à répondre,
  P. Daigneault, 3.00
Comment amuser nos enfants,
  L. Stanké, 4.00
Comment tirer le maximum d'une mini-
  calculatrice, H. Mullish, 4.00
Conseils à ceux qui veulent bâtir,
  A. Poulin, 2.00
Conseils aux inventeurs, R.A. Robic, 3.00
Couture et tricot, M.H. Berthouin, 2.00
Dictionnaire des mots croisés,
  noms propres, collaboration, 6.00
Dictionnaire des mots croisés,
  noms communs, P. Lasnier, 5.00
Fins de partie aux dames,
  H. Tranquille, G. Lefebvre, 4.00
Fléché (Le), L. Lavigne et F. Bourret, 4.00
Fourrure (La), C. Labelle, 4.00
Guide complet de la couture (Le),
  L. Chartier, 4.00
Guide de la secrétaire, M. G. Simpson, 6.00
Hatha-yoga pour tous, S. Piuze, 4.00
8/Super 8/16, A. Lafrance, 5.00
Hypnotisme (L'), J. Manolesco, 3.00
Information Voyage, R. Viau et J. Daunais,
  Ed. TM, 6.00
Interprétez vos rêves, L. Stanké, 4.00

J'installe mon équipement stéréo, T. I et II,
  J.M. Doré, 3.00 ch.
Jardinage (Le), P. Pouliot, 4.00
Je décore avec des fleurs, M. Bassili, 4.00
Je développe mes photos, A. Desilets, 6.00
Je prends des photos, A. Desilets, 6.00
Jeux de cartes, G. F. Hervey, 10.00
Jeux de société, L. Stanké, 3.00
Lignes de la main (Les), L. Stanké, 4.00
Magie et tours de passe-passe,
  I. Adair, 4.00
Massage (Le), B. Scott, 4.00
Météo (La), A. Ouellet, 3.00
Nature et l'artisanat (La), P. Roy, 4.00
Noeuds (Les), G.R. Shaw, 4.00
Origami I, R. Harbin, 3.00
Origami II, R. Harbin, 3.00
Ouverture aux échecs (L'), C. Coudari, 4.00
Parties courtes aux échecs,
  H. Tranquille, 5.00
Petit manuel de la femme au travail,
  L. Cardinal, 4.00
Photo-guide, A. Desilets, 3.95
Plantes d'intérieur (Les), P. Pouliot, 7.00
Poids et mesures, calcul rapide,
  L. Stanké, 3.00
Tapisserie (La), T.-M. Perrier,
  N.-B. Langlois, 5.00
Taxidermie (La), J. Labrie, 4.00
Technique de la photo, A. Desilets, 6.00
Techniques du jardinage (Les),
  P. Pouliot, 6.00
Tenir maison, F.G. Smet, 3.00
Tricot (Le), F. Vandelac, 4.00
Vive la compagnie, P. Daigneault, 3.00
Vivre, c'est vendre, J.M. Chaput, 4.00
Voir clair aux dames, H. Tranquille, 3.00
Voir clair aux échecs, H. Tranquille et
  G. Lefebvre, 4.00
Votre avenir par les cartes, L. Stanké, 4.00
Votre discothèque, P. Roussel, 4.00
Votre pelouse, P. Pouliot, 5.00

LE MONDE DES AFFAIRES ET LA LOI

ABC du marketing (L'), A. Dahamni, 3.00
Bourse (La), A. Lambert, 3.00
Budget (Le), collaboration, 4.00
Ce qu'en pense le notaire, Me A. Senay, 2.00
Connaissez-vous la loi? R. Millet, 3.00
Dactylographie (La), W. Lebel, 2.00
Dictionnaire de la loi (Le), R. Millet, 2.50
Dictionnaire des affaires (Le), W. Lebel, 3.00
Dictionnaire économique et financier,
  E. Lafond, 4.00

Divorce (Le), M. Champagne et Léger, 3.00
Guide de la finance (Le), B. Pharand, 2.50
Initiation au système métrique,
  L. Stanké, 5.00
Loi et vos droits (La),
  Me P.A. Marchand, 5.00
Savoir organiser, savoir décider,
  G. Lefebvre, 4.00
Secrétaire (Le/La) bilingue, W. Lebel, 2.50

PATOF

Cuisinons avec Patof, J. Desrosiers, 1.29

Patof raconte, J. Desrosiers, 0.89
Patofun, J. Desrosiers, 0.89

SANTE, PSYCHOLOGIE, EDUCATION

Activité émotionnelle (L'), P. Fletcher, 3.00
Allergies (Les), Dr P. Delorme, 4.00
Apprenez à connaître vos médicaments,
  R. Poitevin, 3.00
Caractères et tempéraments,
  C.-G. Sarrazin, 3.00
Comment animer un groupe,
  collaboration, 4.00
Comment nourrir son enfant,
  L. Lambert-Lagacé, 4.00
Comment vaincre la gêne et la timidité,
  R.S. Catta, 3.00
Communication et épanouissement
  personnel, L. Auger, 4.00
Complexes et psychanalyse,
  P. Valinieff, 4.00
Contact, L. et N. Zunin, 6.00
Contraception (La), Dr L. Gendron, 3.00
Cours de psychologie populaire,
  F. Cantin, 4.00
Dépression nerveuse (La), collaboration, 4.00
Développez votre personnalité,
  vous réussirez, S. Brind'Amour, 3.00
Douze premiers mois de mon enfant (Les),
  F. Caplan, 10.00
Dynamique des groupes,
  Aubry-Saint-Arnaud, 3.00
En attendant mon enfant,
  Y.P. Marchessault, 4.00
Femme enceinte (La), Dr R. Bradley, 4.00
Guérir sans risques, Dr E. Plisnier, 3.00
Guide des premiers soins, Dr J. Hartley, 4.00

Guide médical de mon médecin de famille,
  Dr M. Lauzon, 3.00
Langage de votre enfant (Le),
  C. Langevin, 3.00
Maladies psychosomatiques (Les),
  Dr R. Foisy, 3.00
Maman et son nouveau-né (La),
  T. Sekely, 3.00
Mathématiques modernes pour tous,
  G. Bourbonnais, 4.00
Méditation transcendantale (La),
  J. Forem, 6.00
Mieux vivre avec son enfant, D. Calvet, 4.00
Parents face à l'année scolaire (Les),
  collaboration, 2.00
Personne humaine (La), Y. Saint-Arnaud, 4.00
Pour bébé, le sein ou le biberon,
  Y. Pratte-Marchessault, 4.00
Pour vous future maman, T. Sekely, 3.00
15/20 ans, F. Tournier et P. Vincent, 4.00
Relaxation sensorielle (La), Dr P. Gravel, 3.00
S'aider soi-même, L. Auger, 4.00
Soignez-vous par le vin, Dr E. A. Maury, 4.00
Volonté (La), l'attention, la mémoire,
  R. Tocquet, 3.00
Vos mains, miroir de la personnalité,
  P. Maby, 3.00
Votre personnalité, votre caractère,
  Y. Benoist-Morin, 3.00
Yoga, corps et pensée, B. Leclerq, 3.00
Yoga, santé totale pour tous,
  G. Lescouflar, 3.00

SEXOLOGIE

Adolescent veut savoir (L'),
  Dr L. Gendron, 3.00
Adolescente veut savoir (L'),
  Dr L. Gendron, 3.00
Amour après 50 ans (L'), Dr L. Gendron, 3.00
Couple sensuel (Le), Dr L. Gendron, 3.00
Déviations sexuelles (Les), Dr Y. Léger, 4.00
Femme et le sexe (La), Dr L. Gendron, 3.00
Helga, E. Bender, 6.00
Homme et l'art érotique (L'),
  Dr L. Gendron, 3.00
Madame est servie, Dr L. Gendron, 2.00

Maladies transmises par relations
  sexuelles, Dr L. Gendron, 2.00
Mariée veut savoir (La), Dr L. Gendron, 3.00
Ménopause (La), Dr L. Gendron, 3.00
Merveilleuse histoire de la naissance (La),
  Dr L. Gendron, 4.50
Qu'est-ce qu'un homme, Dr L. Gendron, 3.00
Qu'est-ce qu'une femme, Dr L. Gendron, 4.00
Quel est votre quotient psycho-sexuel?
  Dr L. Gendron, 3.00
Sexualité (La), Dr L. Gendron, 3.00
Teach-in sur la sexualité,
  Université de Montréal, 2.50
Yoga sexe, Dr L. Gendron et S. Piuze, 4.00

SPORTS (collection dirigée par Louis Arpin)

ABC du hockey (L'), H. Meeker, 4.00
Aikido, au-delà de l'agressivité,
  M. Di Villadorata, 4.00
Bicyclette (La), J. Blish, 4.00

Comment se sortir du trou au golf,
  Brien et Barrette, 4.00
Courses de chevaux (Les), Y. Leclerc, 3.00

Devant le filet, J. Plante, **4.00**
  D. Brodeur, **4.00**
Entrainement par les poids et haltères,
  F. Ryan, **3.00**
Expos, cinq ans après,
  D. Brodeur, J.-P. Sarrault, **3.00**
Football (Le), collaboration, **2.50**
Football professionnel, J. Séguin, **3.00**
Guide de l'auto (Le) (1967), J. Duval, **2.00**
  (1968-69-70-71), **3.00** chacun
Guy Lafleur, Y. Pedneault et D. Brodeur, **4.00**
Guide du judo, au sol (Le), L. Arpin, **4.00**
Guide du judo, debout (Le), L. Arpin, **4.00**
Guide du self-defense (Le), L. Arpin, **4.00**
Guide du trappeur,
  P. Provencher, **4.00**
Initiation à la plongée sous-marine,
  R. Goblot, **5.00**
J'apprends à nager, R. Lacoursière, **4.00**
Jocelyne Bourassa,
  J. Barrette et D. Brodeur, **3.00**
Jogging (Le), R. Chevalier, **5.00**
Karaté (Le), Y. Nanbu, **4.00**
Kung-fu, R. Lesourd, **5.00**
Livre des règlements, LNH, **1.50**
Lutte olympique (La), M. Sauvé, **4.00**
Match du siècle: Canada-URSS,
  D. Brodeur, G. Terroux, **3.00**
Mon coup de patin, le secret du hockey,
  J. Wild, **3.00**
Moto (La), Duhamel et Balsam, **4.00**

Natation (La), M. Mann, **2.50**
Natation de compétition (La),
  R. Lacoursière, **3.00**
Parachutisme (Le), C. Bédard, **5.00**
Pêche au Québec (La), M. Chamberland, **5.00**
Petit guide des Jeux olympiques,
  J. About, M. Duplat, **2.00**
Puissance au centre, Jean Béliveau,
  H. Hood, **3.00**
Raquette (La), Osgood et Hurley, **4.00**
Ski (Le), W. Schaffler-E. Bowen, **3.00**
Ski de fond (Le), J. Caldwell, **4.00**
Soccer, G. Schwartz, **3.50**
Stratégie au hockey (La), J.W. Meagher, **3.00**
Surhommes du sport, M. Desjardins, **3.00**
Techniques du golf,
  L. Brien et J. Barrette, **4.00**
Techniques du tennis, Ellwanger, **4.00**
Tennis (Le), W.F. Talbert, **3.00**
Tous les secrets de la chasse,
  M. Chamberland, **3.00**
Tous les secrets de la pêche,
  M. Chamberland, **3.00**
36-24-36, A. Coutu, **3.00**
Troisième retrait (Le), C. Raymond,
  M. Gaudette, **3.00**
Vivre en forêt, P. Provencher, **4.00**
Vivre en plein air, P. Gingras, **4.00**
Voie du guerrier (La), M. di Villadorata, **4.00**
Voile (La), Nik Kebedgy, **5.00**

Ouvrages parus à
L'ACTUELLE
JEUNESSE

Echec au réseau meurtrier, R. White, **1.00**
Engrenage (L'), C. Numainville, **1.00**
Feuilles de thym et fleurs d'amour,
  M. Jacob, **1.00**
Lady Sylvana, L. Morin, **1.00**
Moi ou la planète, C. Montpetit, **1.00**

Porte sur l'enfer, M. Vézina, **1.00**
Silences de la croix du Sud (Les),
  D. Pilon, **1.00**
Terreur bleue (La), L. Gingras, **1.00**
Trou (Le), S. Chapdelaine, **1.00**
Une chance sur trois, S. Beauchamp, **1.00**
22,222 milles à l'heure, G. Gagnon, **1.00**

Ouvrages parus à
L'ACTUELLE

Aaron, Y. Thériault, **3.00**

Agaguk, Y. Thériault, **4.00**

Ouvrages parus aux
PRESSES
LIBRES

Books published by HABITEX

Aikido, M. di Villadorata, **3.95**
Blender recipes, J. Huot, **3.95**
Caring for your lawn, P. Pouliot, **4.95**
Cellulite, G .Léonard, **3.95**
Complete guide to judo (The), L. Arpin, **4.95**
Complete Woodsman (The),
  P. Provencher, **3.95**
Developping your photographs,
  A. Desilets, **4.95**
8/Super 8/16, A. Lafrance, **4.95**
Feeding your child, L. Lambert-Lagacé, **3.95**
Fondues and Flambes,
  S. and L. Lapointe, **2.50**
Gardening, P. Pouliot, **5.95**
Guide to Home Canning (A),
  Sister Berthe, **4.95**
Guide to Home Freezing (A),
  S. Lapointe, **3.95**
Guide to self-defense (A), L. Arpin, **3.95**
Help Yourself, L. Auger, **3.95**

Interpreting your Dreams, L. Stanké, **2.95**
Living is Selling, J.-M. Chaput, **3.95**
Mozart seen through 50 Masterpieces,
  P. Roussel, **6.95**
Music in Canada 1600-1800,
  B. Amtmann, **10.00**
Photo Guide, A. Desilets, **3.95**
Sailing, N. Kebedgy, **4.95**
Sansukai Karate, Y. Nanbu, **3.95**
"Social" Diseases, L. Gendron, **2.50**
Super 8 Cine Guide, A. Lafrance, **3.95**
Taking Photographs, A. Desilets, **4.95**
Techniques in Photography, A. Desilets, **5.95**
Understanding Medications, R. Poitevin, **2.95**
Visual Chess, H. Tranquille, **2.95**
Waiting for your child,
  Y. Pratte-Marchessault, **3.95**
Wine: A practical Guide for Canadians,
  P. Petel, **2.95**
Yoga and your Sexuality, S. Piuze and
  Dr. L. Gendron, **3.95**

Diffusion Europe

Belgique: 21, rue Defacqz — 1050 Bruxelles
France: 4, rue de Fleurus — 75006 Paris

CANADA	BELGIQUE	FRANCE
$ 2.00	100 FB	13 F
$ 2.50	125 FB	16,25 F
$ 3.00	150 FB	19,50 F
$ 3.50	175 FB	22,75 F
$ 4.00	200 FB	26 F
$ 5.00	250 FB	32,50 F
$ 6.00	300 FB	39 F
$ 7.00	350 FB	45,50 F
$ 8.00	400 FB	52 F
$ 9.00	450 FB	58,50 F
$10.00	500 FB	65 F